スローセックス
彼をその気にさせる方法

イラストでわかる愛の教科書

アダム徳永
Adam Tokunaga

日本文芸社

はじめに

本来、セックスとは気持ちのいいものです。

男女が快感に身を任せ、互いの心と体の不思議を探求し、幸せを感じながら愛と絆《きずな》を深めていく、まさに「愛の行為」です。

しかし、現実はかなり違います。愛し合う男女が心身ともに満たされることが、手の届かない理想のように思われています。

理由ははっきりしています。私が「ジャンクセックス」と呼んで批判し続けている、男性の射精のためだけにあるような稚拙《ちせつ》なセックスを、多くの日本人が、「それが普通」だと思い込んでいるからです。

本格的にスローセックスの啓蒙《けいもう》活動を開始して15年。私は毎日、女性たちの不満の声を聞き続けてきました。

当たり前です。キスや前戯もそこそこに挿入し、あっと言う間に射精して終わるようなセックスで、女性が満足できるはずもありません。そんな行為で、女性が本当のオーガズムを得るなど不可能です。

それでも受け身であることを美徳とする日本の女性は耐えてきました。私が「幼稚園レベル」と揶揄《やゆ》する稚拙なセックスを甘んじて受け入れてきました。

あなたにも覚えがあるはずです。気持ちよくないセックスや、楽しくないセックスを経験したことが。そんなとき、きっとあなたは心の中で、こう思っていたはずです。「あれ、何か違う。これは私が思っていたセックスじゃない」と。

その感覚こそが正しいのです。

もう我慢するのはやめましょう。

心まで気持ちよくなるスローセックスで、宇宙とつながるような官能を経験してください。今はまだ信じられないかもしれませんが、女性は本当に気持ちいいセックスをすることで、女神の力を解き放つことができます。

それは、あなたが想像していた何倍もの快感と幸福をもたらしてくれる満ち足りた世界です。

大切なのは、セックスを男性任せにしないことです。あなた自身がスローセックスを学び、身につけ、セックスをリードするのです。あなたのテクニックで、男性にセックスの本当の楽しさと素晴らしさを教えてあげましょう。

彼のセックスを変える一番の方法は、あなたが変わることなのですから。

2018年3月

アダム徳永

スローセックス　彼をその気にさせる方法　もくじ

第1章 スローセックスであなたは女神になる

第2章 簡単にわかる！ スローセックスの基本

第3章　彼を目覚めさせる複合愛撫の方法

第4章 彼に教えるスローセックス・レッスン

第5章 気持ちいいセックスで幸せを手に入れる

スローセックスとは、アダム徳永氏が提唱する「愛し合う男女が時間にとらわれずに、心身ともに満たされる最高のセックス」のことです。

第1章

スローセックスであなたは女神になる

01

あなたの快感レベルはそんなものではない

女性の美は「小宇宙」である——。

そう数多《あまた》の芸術家たちに言わしめるほど、女性の美しさは尊く神秘的です。

私も、男性とは明らかに違う高く深い領域で、女性がエロティックに官能する姿を見るにつけ、まざまざと宇宙を実感します。

ですが、その一方で、宇宙にたとえられた女性たちの多くが、その無限に広がる「快感宇宙」の存在に気付いていないのが現実です。

私の実感としては、「イッたことがある」と言う女性でさえも、やっと富士山の山頂に到着したというレベルでしょうか。その先には大気圏を突き抜け、太陽系を越え、銀河系をも超越する世界があるのです。

「性の無知」は人を不幸にします。本当に気持ちいいセックスをするためには、女性であるあなた自身が、自分のカラダの秘密を解明する必要があるのです。

人は快感を「脳」で感じます。言われてみれば当たり前のことです。でも、セックスやマスターベーションで触れる部分が乳首とクリトリスに集中しているために、「皮膚そのものが感じる」と錯覚していませんか。

乳首やクリトリスそのものが感じるのではなく、性感帯に与えられた刺激が脳に伝達され、脳がその情報を「気持ちいい」と認識して初めて快感を覚えます。

物理的な刺激を快感としてキャッチして統合する脳の働きを、私は「性感脳」と呼んでいます。

「感じない」「感じるけどイッたことがない」というケースは、性感脳がまだツボミのままで、男性経験はあっても「脳が処女」の状態だからです。

不感症で悩む女性を「快適快感」に導くために必要なのは、テクニックを駆使することではありません。いかにツボミのままの性感脳を「開花」させるかです。女性を官能に導くのは性感脳を開いた後です。

今、「ツボミ」という表現を使いました。女性を花にたとえるなら、あなたの体は「桜の大樹」です。桜の木なら花が一輪開いたくらいでは咲いたとはいえません。数百の花を咲かせたとしても、せいぜい一分《いちぶ》咲きでしょう。

イメージしてください。桜の木が、三分咲き、五分咲きと徐々に花の数を増やし、やがて満開のその日を迎えるまでを……。

それが宇宙にたとえられる女性本来の姿なのです。

女性が深い快感を得るためには、感度を高めて感じやすいカラダにすることが必要です。私はこれを、「性感ルートを開く」と表現しています。

桜の大樹に例えた女性のカラダに無数に点在する性感帯をひとつひとつ丹念に、そして長時間愛撫《あいぶ》することで、点と点が結ばれて線となり、さらに線と線が結ばれて女性のカラダ全面に、脳につながる性感の道を開通させていきます。これにより、性的な気のエネルギーの循環が活性化されて、女性の感度は飛躍的に高まるのです。

私が言いたいのは、前戯を疎《おろそ》かにしている男性本位のセックスでは、女性は感じられなくて当たり前だということです。

どうか女性のみなさん、これまでのセックスを基準に自分を過小評価しないでください。そして、感じられる、イケるという女性も、今の性感に満足しないでください。男性本位のセックスでも感じられるということは、あなたがとても優秀な性感の持ち主であることの証拠です。

スローセックスを実践すれば、間違いなく、今の何倍も何十倍も強いエクスタシーとオーガズムを堪能することができます。

果てしなく広がる官能宇宙を、ひとりでも多くの女性に旅してもらいたい。

それが私の願いです。

02

スローセックスを経験した女性たち

以前、スローセックスのメソッドを実践的に検証するために、メルマガやブログで一般女性のモニターを募集したことがあります。

著作が累計100万部のベストセラーになったおかげもあって、たくさんの応募がありました。その多くは、主婦、女子大生、OLといった本当に普通の一般女性たちです。

スローセックスが今までのセックスとどう違うのか。

男性の私が説明するよりも、実際に体験した女性の言葉のほうがより正確だと思います。

彼女たちの赤裸々《せきらら》な告白で、女性が本当に官能する様子をリアルに感じてください。

星野里奈さん（仮名）25歳

本格的にアダムタッチが始まりました。

それはまさに至福のときでした。先生は体中をアダムタッチやスクラッチで感じさせてくれます。

今までに感じたことがない部分、手のひらや腕、足などを触られると、ゾクゾクして心地よく、とてもエッチな気分になってくる自分を発見しました。もちろんあそこはぐっしょり濡れています。

あまりキスは好きじゃなかったのに、自ら進んでしている自分にビックリです。心地よく包み込んでくれる先生の柔らかい唇を私は求めていました。

途中で先生に教えてもらったペニスキス。私の舌がペニスで、先生の口が女性器。

それは、とてもエッチな構図で、先生の口に力を入れずにやわらかい舌を挿入する感覚がたまりません。

先生にキスされながらやさしいクリトリスへのタッチ。その心地よさは声の大きさになって表れました。

気持ちよすぎて声を出さずにはいられません。

感じるまでずいぶん時間がかかっていた今までの愛撫は、いったい何だったのだろうと思えました。

先生のタッチはピンポイントで、触った瞬間から身体が反応してしまいます。クンニされると、すぐにイキそうなくらい気持ちよく、頭が変になっちゃいそうでした。

今までに経験したことがないくらい長時間、気持ちよさが続きました。

私にとって、今までのイクは高い壁に上って落ちるという感覚でしたが、スローセックスだと、絶頂感がずっと続きます。いつまでも落ちることなく私は感じ続けてしまいました。

岡本美穂さん（仮名）32歳

最初のアダムタッチで、私がこれまで経験してきた愛撫とはまったく違うのがわかりました。

耳、背中、腰、お腹、足の裏、腕など、体のありとあらゆるところをタッチされて、挿入されてもいないのに、エクスタシーを強く感じました。

あんなに淫《みだ》らな声を出したのも、あんなに腰をクネクネさせたのも初めてでした。

でも自然に体がそうなったんです。

自分でも一番驚いたのは、私自身が初めて積極的に愛の交流を求め、性の喜びを強く求めたことです。

生まれて初めて男性と心と体が交わり、本能のセックスで心の奥底まで満たされました。

実際は4、5時間でしたが、「もうそんなにも経ったの？　もう終わり？」って思うくらい、興奮と快感モードに入って、時間の感覚がなくなりました。

木下郁美さん（仮名）28歳

クンニはこれ以上ないほど気持ちのいいものでした。

先生の舌が小刻みに動いてクリトリスを刺激し、そうかと思うと、柔らかい唇を押し付けるようにして吸われます。思わず大声を上げてヨガってしまいました。

身体をくねらせて抵抗しても先生はやめてくれません。

頭がおかしくなってしまいそうなくらい気持ちよくて、私は髪をかきむしったり、枕をぎゅっと掴《つか》んだりして、これ以上はないと思えるほどの快感に耐えなければなりません。

全身の血の巡りがよくなったせいか、指先がじんじんと熱くなり、痺《しび》れて思うように指が開かないほどでした。それまで滞っていたものが、一気に流れ出したかのようでした。

まだ挿入していないのにこんな状態です。私はされるがままで、自分だけこんなに気持ちよくなってしまっていいのかと思いながら、心地よさに声を上げ続けていました。

山田真衣さん（仮名）37歳

いよいよ挿入です。半年ぶりなので入った瞬間は痛かったのですが、それは最初だけで、ペニスで奥までしっかりとかき回すように突かれると、数回でイッてしまいました。

ペニスを挿入されたまま、いろんな恥ずかしくも大胆な体位に変化していきました。特に片足を先生の肩に乗せた格好で突かれたときには、激しい快感が頭のてっぺんに突き抜けるようで、頭の中が真っ白になってしまいました。

そして何よりも、私が気持ちいいと感じる場所にしっかりとペニスが当たります。

それもただ突くのとは違って、膣内をかき回したり擦《す》り付けたり。それは、他の男性とのセックスでは感じたことのない、体中に快感がズシンと響く、子宮まで喜んでいるような手応えのある快楽でした。

鈴木優季さん（仮名）42歳

正常位、座位、女性上位から再度、正常位になったとき、先生がペニスを抜きました。

「どうしたのかな？」と思ったのも束の間、またクンニがスタート！　私はまたイッてしまいました。

これまで1度のセックスで1回しかイッたことがなかったので、2回もイケた自分に驚いたし、嬉しかったです。

なんて思っていたら、今度はまたGスポットとTスポットへの猛烈な指での刺激とクンニのオンパレードが始まりました。

前戯でしてもらったとき以上の深い快感が襲ってきて、先生に押さえてもらっているのに、体が勝手に跳ねてしまって。

「この我慢できないほどの強い快感をどうしよう！」と思いながら、ずっと大声で叫び、身悶《もだ》えしながら受け続けました。何がなんだか、もうどうにもならない感覚です。

強い刺激の嵐に頭がもうろうとして、脳みそが溶け出してしまうかと思いました。

今紹介したのは、モニター女性の告白のほんの一部に過ぎません。

男性の性欲を満たすだけの「ジャンクセックス」とは次元が違う世界があることが、おわかりいただけたと思います。

03

男性は女性の官能美に感動する

セックスがジャンク化する最大の原因は、男性の射精への欲求の強さです。「一刻も早く射精したい」という気持ちが先走って、女性の気持ちや性が置き去りにされてしまいます。

なぜ男性は射精にこだわるのでしょう。子孫を残すためのオスの本能。確かにそれもあるでしょう。

しかし、人間のセックスは動物の交尾《こうび》とは根本的に違います。動物は楽しむためにセックスはしません。彼らにとっては純粋に生殖行為なのです。

人間は違います。誰もがセックスを楽しむ才能を持っています。その証拠に、人間の男性も、年齢や経験を重ねていくに従い、女性を感じさせることに喜びを見出すようになります。

精力の衰えという問題もそこにはあるのでしょうが、若い男性と比べれば、自分がイクことよりも「女性をイカせてあげたい」という欲求の比重が大きくなります。ある種のスローセックス化と言えるかもしれません。オヤジ好きな若い女性が少なくないのもそのためです。

日本中の若者に言いたいことがあります。

「オジサンになる前に、女性が本当に官能する姿を見てください」と。

世の中に美しいものは数々ありますが、男性にとって女性が官能する姿ほど美しいものはありません。一度でも女性の官能美を目の当たりにすれば、一瞬で終わってしまう射精へのこだわりなど簡単に吹き飛ぶでしょう。

男性が射精へのこだわりを捨てることが、スローセックスの第一歩です。スローセックスのメソッドを理解し、正しい技術を習得すれば、誰もがスローセックスを実践できます。あなたの彼もテクニシャンに変身します。

ここでは、私が現在行なっているプライベート講習を受講して、あなたの彼より一足先にセックスの達人に変身した男性たちの報告メールをご紹介したいと思います。

遠藤将広さん（仮名）28歳

彼女の部屋でいちゃいちゃして、いよいよベッドインです。先生に教えていただいたことを思い出しながら、彼女に愛撫を始めました。彼女とのスローセックスは今日で2回目なので、最初から反応が凄《すご》いです。

優しくアダムタッチで全身を愛撫し、彼女のあそこに手を伸ばした頃には太ももまで濡れるほど感じていました。

そして、いよいよGスポットの愛撫です。

講習を思い出しながらゆっくりと指を入れていきました。集中して場所を確かめて指を動かし始めると、彼女はいきなり身をよじって感じ始めました。

あまりにも気持ちよすぎて腰をずらして逃げようとします。お尻を手で支えて愛撫を続けました。指はぎゅうぎゅう締め付けられ、彼女は身の置き場がないように体をくねらせ、声を抑えようと必死で耐えていました。

しばらく楽しんでから今度はＴスポットです。これまた講習を思い出しながら体勢を整えて愛撫を始めると、彼女は耐えられずに声を漏《も》らし、びくっと反応しました。愛撫を続けると体をガクガクと震《ふる》わせて感じていました。体を弓なりに反らしたり、枕に顔を埋めたりして快感に耐えているようでした。

「気を失っちゃいそう」

「こんなに気持ちいいの生まれて初めて」

思いっきり感じてリラックスして開放的になったのか、以前よりもセックスに積極的になったようです。

「今度は声を思いっきり出せるように、一日中ホテルでエッチしたいね」

そんなことを言って彼女が甘えてきます。そして、僕を気持ちよくさせようと一生懸命愛撫をしてくれます。

そんな彼女がいとおしくなって、「入れていい？」と聞くと、彼女が僕の上に跨《また》がってきました。次の日は仕事だったので、一通りの体位を試して正常位でフィニッシュしました。彼女は足をガクガクさせて感じていました。そのまましばらくキスをしながら抱き合いました。

2人でいちゃいちゃ抱き合いながら眠りにつきました。「寝る前にもう1回キスしていい？」と甘えてくる彼女がかわいいです。

すばらしいセックスでした。さらに彼女との愛が深まったと思います。

金子剛さん（仮名）33歳

プライベート講習を思い出しながら、1人の時も練習に励みました。そして先日、彼女と初めてのスローセックスをしました。

アダムタッチをメインに、たっぷりと愛撫しました。クリトリスの愛撫で彼女は何度もエクスタシーに至りました。

その後インサート。ゆっくりと優しく、時には激しく、キスとアダムタッチを交えて穏やかに体位を変えながら、話をしたり、抱き合って休んだり、またオーラルをしたり。なんと挿入したままで4時間！

自分も彼女も生まれて初めての体験でした。

彼女はずっと高原状態を維持したまま、数え切れないほどさまざまな官能を見せてくれました。自分もそのあいだ一度も射精をすることなく、これまでとは比べ物にならない深く大きなオーガズムを2人で経験できたのです。

アダムさんが言っていたのと同じ事が起きたのです。ものすごい感激と幸せでした。一日中抱き合って、眠ったり食事をする以外は、2人でただひたすら愛し合ってました。

射精をコントロールできるセックスは疲労感もなく、射精を焦《あせ》る必要もなく、射精後にどうしても感じる、あの覚めた気持ちになることもありませんでした。とにかく彼女がかわいくていとおしくて、こんなにも自然に穏やかに、たっぷりと後戯を楽しむ事ができるんですね。

心と体の波長が2人ともぴったりと同調して、一心同体のセックスを存分に楽しむ事ができました。最高でした。

平田勇一さん（仮名）45歳

妻の叫びは吠えるようでした。そばにいる自分が耐えられないような大きな絶叫。初めてでした。まだ挿入をしていないのに、陰部を触っているだけの段階で何度もイッてしまいました。

途中で妻は、涙すら浮かべたのです。

妻のカラダの中に入ると、妻は僕の名前を呼び始めます。何度も何度も叫ぶように僕の名前を連呼します。「早く達して欲しい。自分がイキそうだから、早く僕にもイッて欲しい。一緒にイキたい」という意思表示です。

僕も何度も妻の名前を呼びました。「好きだ。愛している！」という気持ちを込めて。まさに僕が望んでいたセックスでした。

体を離して安らぎに入ってから、僕は初めて自分の思いを口にすることができました。「本当はもっとキミと愛し合いたかった。これからはもっと愛し合おう」と。

理想はスローセックスをマスターした男女が出会って恋に落ちることですが、それにはもう少し時間が必要です。

最初に気づいたあなたがスローセックスを学び、覚えたテクニックを相手に伝えて、ベッドの上で官能のダンスを踊ってあげてください。

あなたが官能するその神々しいまでの美しさは、理屈抜きに男性の心を奪います。そのとき2人のセックスは次のステージに進むのです。

04

なぜ、女性のカラダは全身性感帯なの？

女性のカラダは全身性感帯です。

文字通り、星の数ほど女性のカラダには感じるツボが分布しています。性感のほとんどがペニスに一極集中している男性とはまるで違います。男性にも中には感受性に優れた人がいますが、せいぜいちょっと乳首が気持ちいいくらいです。

しかし女性は違います。

髪の毛から、爪の先まですべてが性感帯です。全身へのアダムタッチによって性感脳が開くと、女性の官能は止まりません。

うなじ、耳、顔、肩、腕、胸、わき腹、腰、太もも、といった女性のみなさんもよく知っている部分はもちろん、官能モードに入ってしまえば、硬いひじや、くるぶし、足の裏まで感じるようになります。

これだけでも私など羨《うらや》ましくて女性に生まれてこなかった自分を恨《うら》めしく思うくらいですが、女性本人も知らない驚愕《きょうがく》の事実はまだあります。

ただ全身が感じるだけではなく、無数に存在する性感帯のひとつひとつの感じ方がすべて違うのです。隣接している乳首と乳輪も、その境界線を越えるとまったく違う快感になりますし、手の指と足の指ではまるで違います。同じ足の指でも親指と小指ではまったく違う感じ方をするのです。

快感の種類の違いは、女性を愛撫している時のリアクションに如実に現れます。

微《わず》かに吐息が漏《も》れるような淡い快感、「アーーン」という悲鳴がいつまでも続くような快感、「ギャーギャー」と動物的なあえぎ声が出てしまう快感、声さえ出なくなってしまう快感、弓なりにのけぞってしまうような快感、勝手に腰が動き出してしまう快感など本当にさまざまです。

私はよくセックスの奥深さやその芸術性をオーケストラにたとえるのですが、女性のカラダはまさに、全身にあらゆる音色の楽器が分布しているようなものなのです。

この楽器の配列は女性によっても異なりますし、同じ女性の同じ性感帯でも、与える愛撫によって変化していきます。

耳を例に挙げれば、息を吹きかけた時と指の先でなぞった時とでは反応が違います。つまり、刺激の与え方によって、ひとつの性感帯が何種類もの音色を奏《かな》でるのです。

なぜ、女性の全身に性感帯が分布しているのでしょうか。それは男性から愛されるためです。愛なくして女性は生きてはいけません。仕事や趣味に没頭することで、愛に乾いた人生を納得させられる男性とは本質的に違います。

女性は愛されたい生き物です。愛されることが女性にとって何よりの生きる喜びであり、根源的な魂の欲求なのです。

女性は「愛されるために生まれてきた生命体」です。

おおげさに言っているのではありません。1000人の女性たちの、1000種類の狂おしくも神々しい官能美を目の当たりにしてきた私の実感です。

イク時にせいぜい「ウッ」と声が漏れる程度の男性の性感とは激烈に違うカラダを、神様は女性に与えたのです。

ただ、女性は受け身の性であり、男性によって初めて開かれる性です。

ですから開いてくれる男性が現れなければ、女性自身も自分の秘められた資質を知ることができません。

男性が目覚めない限り、女性は自分の可能性も知らずに女を終えることになるのです。

05

セックスは神様からの贈り物

生殖行為に「愛」や「幸福」や「慰安」といった豊かな感情を抱くのは人間だけです。しかしその一方で、性やセックスに対してネガティブな感情を持つのも人間だけです。「不潔なこと」「汚らわしいこと」「いやらしいこと」「恥ずかしいこと」「いけないこと」……。

日本ではセックスのことをときに「秘め事」と言ったりします。もちろんセックスは人前でするものではありません。秘められて当然です。

誰にも見られず、じゃまも入らない閉じられた空間だからこそ、男女は自由に互いの愛を、そして本能としての欲求を交流させることができるのです。

ただ、現代人は性を秘めすぎてきました。ことさらに隠してきました。

ＳＮＳの発達により、セックスについても自由に意見を言い合えるようにはなりましたが、匿名のネット上では言えても、実際に他人を前にして自分のセックスの悩みを告白できる人は、まだまだ少ないというのが実感です。

実際、オジサンの私がドキドキするくらいノリノリで下ネタを連発していた女性も、いざ一対一になって話を聞いてみると、セックスに対して深刻な悩みを抱えていたり、セックスそのものを嫌悪していたりするケースも珍しくありません。

私はことあるごとに、「セックスは神様からのギフト」だと言い続けています。

そこには、セックスに対するネガティブな意識を払拭《ふっしょく》してもらいたい、という気持ちももちろん働いているのですが、私自身がセックスの体験を通じて、セックスほど素晴らしいものは世の中にないと心から思っているからです。

神様が人間だけに与えてくださった最高の贈り物だとしか私には思えないのです。

前項で、女性は愛されるために生まれてきた生命体という話をしました。そして女性は、男性によって初めて性の喜びを知りえるとも書きました。すなわち男性は、「女性を愛するために生まれてきた生命体」だということです。

男性のペニスは、神様が男性に「女性を愛しなさい」と与えてくださった神聖な愛の器官です。突拍子もないような話に思われるかもしれませんが、そうとしか説明がつかないのです。

洋の東西を問わず、男性は自分のペニスの大きさをとても気にします。「大きい方が良くて、小さいとダメ」なんて誰からも教わってないのに、他人と自分のペニスを比較してしまいます。それは、女性を愛するために生まれてきた男性のＤＮＡに刻まれた、ペニスの存在理由の情報を潜在的に読み取っているからなのです。

もしもあなたがセックスに嫌悪感を持っているとしたら、「ペニス」という文字を見るだけで気分が悪くなるでしょう。ましてや嫌いな男性のペニスなんか目にした日には吐《は》き気を催すと思います。

しかし、本当のセックスをして、女性が一度でも本当のオーガズムを経験すれば、ペニスに対する価値観が１８０度変わると断言します。途端にペニスがいとおしく思えてきます。

ペニスが男性の愛の象徴以外のなにものでもないことが、頭ではなく魂レベルで理解できるようになります。

こうして書きながら、セックスの素晴らしさを言葉だけでは伝えきれないことが、私は歯がゆくて仕方ありません。私自身が体験して初めて知ったように、これればかりは体験してもらわなければわからないからです。

でもこれだけは知ってください。セックスは不浄なものでも罪深いものでもありません。尊くて神聖な愛の行為です。

06

スローセックスが導く宇宙レベルのオーガズム

これまでセックスやマスターベーションでイッたことがある女性も、恐らくオーガズムのメカニズムについてはご存じないと思います。

もちろんこれから解説するのは、「ジャンクセックス」レベルのイクではありません。スローセックスを体験した女性たちのレポートをお読みになればわかるように、あなたがまだ知らない、果てしなく広がる深く激しい官能の世界があるのです。

オーガズムの説明の前に、「イク」と「感じる」の違いについて学んでください。

私は両者の違いを説明するとき、「水の入ったコップ」を例に出します。カラダが感じている状態は、コップに水が注がれて次第に溜《た》まっていっている時間のことです。

そして本当の意味でのイクというのは、水がコップの上まで来て、最終的に表面張力の限界を超えて水がコップからこぼれ出す瞬間のことです。

「溜まっている」と「こぼれ出す」では、全然現象が違うことがわかりますよね。

コップの水にたとえたのは、性的な気のエネルギー（性エネルギー）のことです。

これについては次章でくわしく解説します。

ここで知って欲しいのは、「感じる」とは性エネルギーが充填《じゅうてん》されている状態であり、「イク」とは、限界まで溜まった性エネルギーのスパーク（爆発現象）だということ。

日常的にマスターベーションをしている方は、自分がイキやすいツボやコツを掴んでいらっしゃるでしょうから、数分でイクことも可能です。けれど、数分でコップに水はなみなみとは溜まりません。

コップを傾けて強制的に水をこぼしているようなもので、スッキリはしても満足のいくオーガズムに程遠いのは、こうした理由からなのです。

スローセックスは「感じる」を楽しむセックスです。全身でいろいろな種類の快感を味わい尽くし、ゆっくりとコップから水が溢《あふ》れるのを待ちます。だから本当の快感を味わえるのです。

それだけではありません。スローセックスを続けていると、先にコップに例えた快感を溜める容器が、どんどん大きくなっていきます。バケツ、お風呂、プール、海……。その無限の広がりの先にあるのが宇宙レベルのオーガズムなのです。

ではいよいよ、本当のオーガズムの説明に移ります。

性エネルギーがオーガズムに大きな役割を持つことはすでに触れました。

人間の下腹部、おへそから9センチほど下に、気功やヨガの世界で「丹田《たんでん》」と呼ばれる場所があります。スピリチュアルの世界では「第2チャクラ」にあたります。

呼び名はさまざまですが、女性の場合はちょうど子宮の辺りに位置します。先ほどコップにたとえた部分です。

性的興奮が限界点を越えたとき、丹田に蓄えられていた性エネルギーは爆発現象を起こします。爆発した性エネルギーは、丹田から一気に「中脈《ちゅうみゃく》」を通って脳にまで駆け上ります。

中脈というのも気功の用語で、会陰《えいん》（女性器と肛門の間）から頭頂に伸びる、人体の中心に存在する経絡《けいらく》（気のルート）のことです。

性エネルギーが脳を通過するとき、性感脳を刺激します。その刺激によって快感物質であるドーパミンが大量に放出されます。この瞬間に沸き起こる快感こそオーガズムであり、みなさんがイクと呼んでいる現象なのです。

一人でするマスターベーションとは違い、セックスでは男女間で交換され精錬された性エネルギーが増幅されます。

スローセックスでは、体内での「核爆発」とでも呼ぶべき凄《すさ》まじい爆発現象が発生するため、極限ともいえる快感状態がもたらされるのです。

07

スローセックスを極めると女神になる

これまで私は何度も、「宇宙」や「神」という言葉を使ってきました。スローセックスのことが知りたくてこの本を買ったのに、どうして宇宙や神様の話が出てくるのかと、不思議に思われたかもしれません。

前項で私は女性がオーガズムに至るメカニズムについてお話しました。この話には続きがあります。

スローセックスによって女性の子宮（丹田）に蓄えられた膨大な性エネルギーは、核融合を起こして大爆発することで、中脈を通って脳に向かって駆け上ります。そのとき性エネルギーは、脳にある松果体《しょうかたい》と呼ばれる部分を通過します。松果体とは8ミリほどの小さな内分泌器官のことです。

人間の眉間《みけん》には、直感力を司るといわれる第3のチャクラがありますが、その奥の脳の中心部にあります。松果体には肉体と精神世界をつなぐ働きがあり、この器官が開かれると超能力が開眼《かいがん》するともいわれています。

性エネルギーが核爆発レベルのパワーで通過すると、松果体の細胞に変容が生じます。

何が起きると思いますか？

これまで閉じていた松果体が開かれることによって、女性は宇宙の波動と共鳴し、宇宙のエネルギーを感じることができるようになります。すなわちこの世の創造主であり、宇宙そのものでもある神と周波数を合わせることができるようになるのです。

目をつむって想像してみてください。女性の頭頂を突き抜けた性エネルギーが、究極のオーガズムを伴って宇宙に向かって放出される情景を。本当のオーガズムとは、宇宙に行った女性の魂が神と一体化することです。

すべての女性は本能的に、自分が宇宙につながる存在だということを知っています。そして、それがセックスによってもたらされることを潜在意識で知っています。だからこそ、どんなに頭ではセックスを汚《けが》らわしいと思っていても、本能的にセックスに興味を示すのです。

私は1000人におよぶ女性とセックスを重ねることで、多くのことを学びました。女性が秘めている性感の凄《すさ》まじさは半端ではありません。

男性は基本的に一度イッたら終わりですが、女性は10回でも100回でもイケます。一度極上の喜びを知った女性の快感を求める底なしの欲望は、私でもたじろいでしまうほどです。

普段は知性的で清楚な女性たちが、理性や恥じらいを超越し、神々しいまでに歓喜し官能する姿を私はこの目で何度も見てきました。セックスに対する嫌悪や罪悪感から解き放たれた女性たちは極限のオーガズムを貪《むさぼ》り、最後には「女神」へと昇華します。スローセックスの実践を通じて私が垣間見たのは、これまで誰も知らなかった世界です。スローセックスを極めたその先に、「女神セックス」という領域があったのです。

女性の本質は「女神」です。

愛されれば、その何倍もお返しをしたくなります。男性よりも遥かに愛に敏感です。それゆえに愛に飢えています。愛なしでは生きていけません。セックスを通して宇宙につながり、女神になりたいのです。

不倫や浮気をしてしまうのも、男性のそれとは本質的に動機が異なります。論理や道徳を超えて、女性の魂は自分を女神にしてくれる男性を心から求めているのです。

そしてそれは、あなたの魂も同じです。

08

スローセックスをしてくれない男たち

私の本を読んでスローセックスに興味や関心を持つようになってくださった女性はたくさんいらっしゃいます。

ちなみに現在のメルマガ登録者数は約2万人ですが、そのうちの半数以上が女性です。嬉しい反面、複雑な気持ちにもなります。

言うまでもなく、セックスは共同作業です。

愛を育み、セックスをスキルアップさせていくのも、2人の努力があってこそ。女神の扉を開く鍵である男性がスローセックスに関心を抱いてもらわないことには何も始まりません。

スローセックスの存在を知った女性たちは、当然の行動として、パートナーの男性にスローセックスをして欲しいと伝えます。

しかし結果は、ほとんどが玉砕《ぎょくさい》。

「彼にアダムさんの本を渡しても読んでくれません。どうしたらいいですか？」

このような相談メールが毎日、山のように届きます。

スローセックスに応じてくれない彼（夫）、そんな彼の態度に悩む彼女（妻）。

現在の性に関する男女の構図が集約された、ある2人の女性からのメールをご紹介します。

吉本詩織さん（仮名）30歳

私はセックスについて、自分でそれなりに勉強を積んでいるつもりです。相手に気持ちよくなって欲しいという気持ちが、私をそうさせてきました。

しかし、その思いは裏目に出てばかりいます。私と体を重ねた男性は、自分が快楽を受ける事のみに執着してしまうのです。

今の彼もしかり。部屋に入るなり、ベッドにごろんと横たわり、「◯◯して」「△△して」と私への要望が始まります。それが嫌です。私も彼に攻められたいんです。彼は前戯の時間も短くて、テクニックも稚拙《ちせつ》です。思い切って、「あなたを気持ちよくするのも好きだけど、私もあなたに優しくいじめられたいの」と伝えたところ、「優しくいじめるって、どういう意味？」と……。

毎回、「もっとこうしてくれたら嬉しいな」と、仕草や言葉で説明しますが、一向に上達しません。逆に、「そういうのってプレッシャーになるんだよ」と、まるで私が悪者のような反応をします。

限界を感じた私は、「お願いだから、あなたも勉強して」と彼に訴えました。「私を経験豊富な女だと思ってるみたいだけど違うよ。独学で勉強してきたから今の私があるの。あなたがこの問題に向き合おうと思ってくれる事が、私にとっては愛情と感じるの。それが無理なら、悲しいけど、お別れも視野に入れる」

涙ながらに言うと、彼はかつてない程おびえた様子になり、「別れるのは嫌だ。でも勉強って、どうやって？」と聞いてきました（それにもガッカリですが）。そこで、アダムさんのサイトを彼に教えたのです。「まずは本とメルマガを読んでみて」と。

その後1カ月もかかってようやく1冊読み終えた彼の一言に、私は肩を落としました。

「読んでみたけど、どこまでやればいいの？」

彼は、「一気にいろいろな事はできない」と言います。正直、ただの言い訳にしか聞こえません。私への甘えや依存心があるのでしょう。ますます悲しくなりました。

もう三十路も近い彼が、膣《ちつ》の場所すら把握していないのには驚愕《きょうがく》と落胆を禁じ得ません。本人はそれを何とも思っていないようで、挿入の際「君の手で導いて」とペニスを私の手に握らせる始末。

「あなたから挿入して欲しい。女性として幸せを感じる瞬間だから」とお願いすると、「こういうのは共同作業でしょ」と不機嫌になります。

近頃では、「セックスだけがすべてじゃない」「セックスがなくても仲の良い夫婦はいっぱいいる」「君がエッチすぎて怖くなる。手に負えない魔物のようだ」などと言うようになりました。相手に気持ちよくなって欲しくて勉強してきたのに、こんな言葉を受けるはめになるなんて。

私がおかしいのでしょうか。男性の理解が足りないのでしょうか。女性としての自分に自信が持てなくなりそうです。

太田由香さん（仮名）38歳

8年前に結婚した旦那《だんな》とのセックスは、いつもフェラチオから始まります。私への愛撫はほとんどなく挿入されるので痛いし、ダッチワイフにされている気分でとても悲しいです。

「もっとやさしく愛されたい」という気持ちが常に消えません。

でも、セックスするのは彼のしたいときだけ。愛されたくて自分から誘ったこともありますが、「疲れているから」と何度も断わられ、そのたびに傷つき、誘うことすら怖くなってしまいました。

苦痛なセックスに我慢できず、先生の本を渡したこともあります。でも、読むと言って読んでくれていません。

そういった不満やストレスから、私は不倫をするようになってしまいました。主人を裏切っている、子供を裏切っているという罪悪感でいっぱいなのに、自分の甘えられる場所が欲しくて、「今日で終わりにしよう」と思っても、また会う約束をしてしまいます。こんな自分が嫌です。でも、どうしたらいいか、わかりません。

このメールをどのようにお感じになりましたか。では、どうしたらいいのか、次頁で説明します。

09

あなたがセックスの主役になる方法

一般男性の多くは、セックスはピストン運動だと思い込んでいます。良くも悪くも単純な男性は、1回でも多くピストンすれば女性は喜ぶものだと信じているのです。若い男性などは挿入の時間や回数を競ったりします。「俺は一晩に5回はできる」とか、聞いているこちらが恥ずかしくなるようなことを自慢したりするのもそのためです。

スローセックスの理念からすれば、なんとも無知で未熟な考え方です。

しかし私は、男性だけに責任があるとは思いません。繰り返しますが、セックスは共同作業です。お互い大人であれば、当然、責任も半分半分。

確かに、セックスは男性がリーダーシップを発揮する場面には違いありません。多くの女性たちがそれを望んでもいます。一方で女性は、男性からの愛撫に完全に身を任せることで、意識を集中して性感を高めることができるのも事実その通りです。

しかし、だからと言ってベッドで受け身オンリーでは、決して気持ちいいセックスをすることはできません。どうすれば「女性として生まれてきてよかった」と心から思えるセックスをすることができるでしょうか。

それは、セックスを男性任せにしないことです。

結婚式の主役が花嫁であるように、あなたがセックスの主役になるのです。

そのための方法が3つあります。

1つめは、「もう嫌なセックスはしない」と心に誓うことです。

私は1000人の女性とセックスをする前、一般の方も、そこそこいいセックスをしているものだと思っていました。しかし、彼女たちにインタビューをして返ってきたのは不平不満のオンパレードだったのです。

「気持ちよくない」「痛い」「早く終わって欲しい」……。

一般男性の多くは、自分は彼女を喜ばせていると思い込んでいます。AV男優ほどではないけど、自分だって平均点以上のセックスをしていると。とんでもない思い上がりです。心優しき女性たちが相手を傷つけまいと我慢しているだけというのが実態です。

そして男性は、そんな健気《けなげ》な女性の気持ちに応えるどころか、本当は苦痛で歪《ゆが》めている女性の表情を「感じてる」と勘違いして、さらに激しく腰を振り立てます。女性のイッたフリを真に受けて、自分はテクニシャンだと図に乗ります。

間違いテクニックの拡散を防ぐためにも、愚かな行為にはNOを突きつけましょう。

2つめは、「どうされるのが気持ちいいのか、彼に教えてあげる」ことです。

女性は天性の女優で、セックスの達人という称号をいただいている私でさえ、じつを言うとイッたフリを完全に見抜く自信はありません。また、「アダムさんってなんでそんなに女心がわかるんですか！」と、よく感心されるのですが、「ちっともわかりません」が本音です。

古今東西、数多の天体の専門家が、夜空を眺め続け、それでもまだほとんど解明できない宇宙と同じくらい、女性は男性にとって神秘の存在です。私にとって女性は、「不思議」そのものです。

教えてもらわなければわからない。これが一般男性の正直な気持ちです。

女性の心とカラダの不思議を男性に正確に伝えるために、そして快感と幸せを男女が共に味わえる、男性任せではない双方向型のセックスを実践するために、今すぐ取り組んで欲しいのが、「あなたもスローセックスを学ぶ」です。

これが3つめの方法であり、次章から始まる本書の核心部分です。

あなたを輝かせる真のセックスが、ここにあります。

POINT 1

- これまでのセックスを基準にしてはいけません。
- 女性の官能美が男性のセックス観を変えます。
- セックスは神様からのギフト。
- 本当のオーガズムで女性は宇宙とつながります。

第2章

簡単にわかる！スローセックスの基本

10

スローセックスって、どんなセックス？

今の時代、楽しいことはたくさんあります。

時間とお金さえあれば、なんでも手に入りそうな錯覚に陥ります。世界各国のおいしい料理に舌鼓を打つこともできますし、ゲームやＳＮＳの進化で、部屋から一歩も出なくても自由気ままな時間を満喫できる環境が整ってしまいます。私が子供の頃には想像もしなかった世界です。

昔とは比べようもないくらい楽しいことは増えました。そんな今、「あなたにとって一番楽しいことはなんですか？」と聞かれたとき、「セックス」と答えられる日本人はどれくらいいるでしょうか。

私はいつも「幸せ」について考えています。何か人生の岐路に立ったときはいつも、どちらを選べば幸せになれるのかを考えて決めるようにしています。それは私にとって当たり前のことです。なぜなら、人は幸せになるために生まれてきたからです。

それはあなたも同じです。地球上に生きている人々すべて、幸せになるためにこの世に生を受けたのです。決して苦しむために生まれてきたのではありません。

幸せとは自分の欲望を実現することです。金銭欲、物欲、食欲、性欲、出世欲、名誉欲……。人それぞれ叶《かな》えたい欲望は違います。

しかし、億万長者になったとしても、どんな社会的地位や名声を手にしたとしても、それだけでは心は満足しません。

それは、すべての人々に共通する人間の根源的欲求が、「愛で満たされること」だということを、誰もが潜在意識レベルでわかっているからです。

この世に心から愛する人がいて、その人があなたのことを心から愛してくれる。

絶対的で永久的な相思相愛。

この欲望が満たされなければ、たとえ愛以外のすべての欲望を手中に収めたとしても、決して心が幸せで満たされることはありません。


愛する人とするセックス。これ以上に楽しくて幸せなことはないはずです。

なのに、この絶対的な価値観が一般に浸透していないのは、あまりにも「気持ちよくないセックス」や「つまらないセックス」が世の中に蔓延《まんえん》しているからです。

理由ははっきりしています。今、日本人が、「これが普通」だと思っている行為が、男性の射精だけを目的とした、セックスとも呼べないお粗末なものだからです。

おざなりなキスをして、前戯もほどほどに、まだ男性を受け入れる準備もできていない膣《ちつ》に挿入して、腰を振りたて、わずか数分足らずで射精する。私はこうした男性本位のセックスを「ジャンクセックス」と呼んで批判し続けてきました。

稚拙《ちせつ》なセックスは愛を壊します。

愛を過信しすぎてはいけません。どんなに愛し合っていても、ジャンクセックスでは気持ちよくなれないのです。

そして心と体は密接にリンクしています。蓄積された苦痛や不満は、セックスする前には確かに存在していた愛さえも、次第に蝕《むしば》んでいくのです。

スローセックスは、その対極に位置する「愛の行為」です。

「イク」という結果にこだわることなく、男女が互いに労《いたわ》り、淡い刺激で官能しあい、イクよりも気持ちいい「感じる」を、時間を忘れて楽しむ行為です。

スローという語感から、ただ時間をかけてゆっくりするセックスと思われている人も多いのですが、それは誤解です。たゆたうようなゆったりとした動きの中で、快感を貪《むさぼ》り、ときに絶叫し、時空や次元すら超越して幸福感を味わい尽くします。

そのカギとなる「性エネルギー」という概念について、次項でくわしく説明します。

11

気持ちいいセックスに必要なこと

あなたは「気」の存在を信じますか？

信じようと信じまいと、また意識するしないに関係なく、人間は誰もが常に体から気を発しています。

気とは一種のエネルギーです。車を動かすガソリンや家電製品を動かす電気と同じだと思ってください。目には見えませんが、気は人間の生命活動を維持するためにとても重要なエネルギーです。私たちの体に大きな影響を及ぼしています。

難しい話のように思われるかもしれません。しかし気とは要するに、気持ちや意識のエネルギーです。体内に気が満ちていると、〝元気〟になったり〝やる気〟が出ます。

逆に体内の気が減少すると、〝弱気〟になったり〝病気〟になったりします。

人間の喜怒哀楽の感情も気のエネルギーによるものです。喜びや悲しみといった感情には、それぞれ特有の周波数（波動）があり、ポジティブな感情は、明るく・軽く・温かく・いい香りの性質を持っています。一方でネガティブな感情は、暗く・重く・冷たく・臭い性質を持っています。いわゆる「邪気《じゃき》」と呼ばれる気のエネルギーです。

このように、気にはさまざまな種類がありますが、性的なことに作用する気のことを、私は「性エネルギー」と呼んでいます。

気のエネルギーはセックスをすることで、性エネルギーに変換されます。この性エネルギーこそがオーガズムをもたらす源泉なのです。

逆の言い方をすれば、性エネルギーが不足しているとイクことはできません。

世の男性は、いえ女性のみなさんも、セックスをただペニスと膣のピストン運動による摩擦だと思っています。しかしそれは、あまりにも短絡的で一面的な認識です。

セックスの本質とは、気による「性エネルギーの交流」です。

愛し合う男女がセックスを通してお互いに触れ合うことで、お互いに性エネルギーを交換する。そこにセックス本来の楽しさや醍醐味《だいごみ》があるのです。

男性と女性は「陽と陰」の相対的な関係にあります。気のエネルギーも、陽と陰の異なる性質の周波数を持っています。陽と陰が交流することで、気のエネルギーは増幅していき、より強力なパワーを生み出します。

よく磁石に例えられる男女の関係ですが、プラスとマイナスの磁力が最も接近して濃密に相関し合う行為がセックスなのです。

以前、一般女性にアンケートをとってみたところ、「セックスよりもマスターベーションのほうが気持ちいい」という回答が9割を越えました。その結果に私は驚きました。たとえ気の存在やスローセックスを知らずとも、仮に男性にテクニックがなかったとしても、互いを尊重し、相手に気持ちよくなってもらいたいという温かい愛情の交流があれば、これまで述べてきたような性エネルギーの増幅は自然と起きるのです。

セックスがマスターベーション以下などということはありえない話です。

- 本当に相手の愛が伝わってくるセックス
- 本当に心から癒されるセックス
- 本当にハッピーになれるセックス

このような本当に気持ちいいセックスをするためには、いかに男女間で性エネルギーを増幅させるかがキーポイントになります。

気を自在にコントロールするためのスタートラインは、「気の存在を信じる」ことです。今この瞬間から、自分や、好きな異性の気を意識してみましょう。

12

癒しの愛撫 パームタッチ

パームとは英語で手のひらという意味で、その名の通り「手のひらで撫《な》でる」愛撫法がパームタッチです。アダムタッチが有名になりすぎて認知度は低いと思いますが、愛戯には欠かせない最重要テクニックのひとつです。

最初に知って欲しいのは、カラダが感じるためには、その前にリラックスが必要だということです。

一般男性の多くは、「興奮していやらしい気持ちになるから女性は感じる」のだと誤解しています。女性を興奮させようとホテルでＡＶを見せたがる男性が多いのはそのためです。

セックスの前、女性は多かれ少なかれ緊張しています。当然、感度は低い状態です。パームタッチはその緊張をほぐすためのマッサージの役割を果たします。

また、生きていると、毎日楽しいことばかりではありません。誰しも知らず知らずに体（特に背中）にマイナスのエネルギーを溜め込んでいます。

実は手のひらからは癒《いや》しの波動が出ていて、体内の邪気を取り除いてくれるデトックス作用もあるのです。それと同時に、パームタッチは異性にプラスの気のエネルギーをチャージします。男女の異なる気が交わることで相乗効果が発生するためです。

好きな相手にしてもらうマッサージは、とても気持ちいいものです。単純に気持ちいいことをしてもらえば、相手に対して心が開いていく。心が開けば、性感が開く準備も整います。シンプルな理屈です。

ですから実践では、普通のマッサージと同じ心持ちでやるのがポイントです。「日頃の疲れを少しでも軽くしてあげよう」と。それは愛の行為であり、ＡＶを見せようとする男性とは真逆のアプローチなのです。

イラスト図解 1

パームタッチのテクニック

射精に突き進むことで頭がいっぱいの男性に、興奮とは別次元の「気持ちいい」があることを知ってもらいましょう。スローセックスの実践に、パームタッチは欠かせないテクニックです。

上手にリードする3つのポイント

☑ 最高の癒やしで心と体を解放する

人間の心とカラダは思っている以上に密接な関係にあります。互いの性感を極限にまで高める愛の行為の入り口で一番大切なことは、興奮ではなくリラックスすること。パームタッチの癒やし効果は絶大です。

☑ リラックスの重要性を正しく知る

セックス中に体験する「くすぐったい」を、「感度が悪いの？」と誤解する人は少なくありません。くすぐったいのは感度がいい証拠。「通常モード→リラックス→官能モード」のメカニズムを理解しましょう。

☑ ベビーパウダーの活用

汗ばんだ手や肌では、パームタッチの効果は半減してしまいます。実践では必ずベビーパウダーを使いましょう。そのサラサラ感が心地よい快感を生み出します。タッチしながら全身に「湿布《しっぷ》」していきます。

手の形

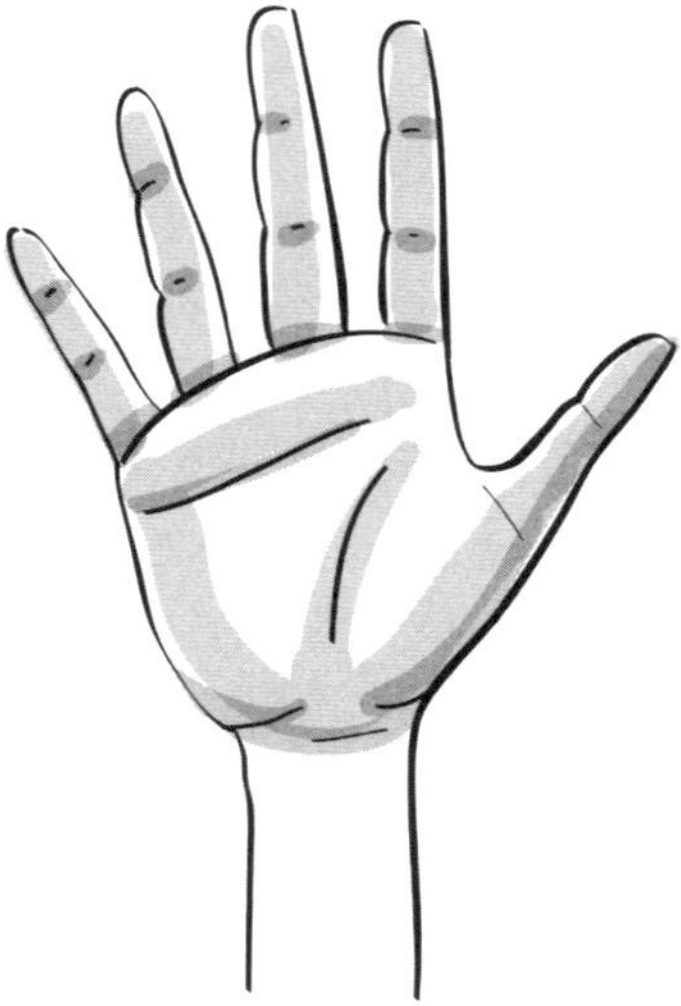

手のひらが吸盤になったイメージで

自然と開いた手の形がパームタッチの基本フォーム。手が温かいのを確認して、手のひら中央の窪みを利用して、肌にピタッと密着させるように置きましょう。

イラスト図解1　パームタッチのテクニック

手の置き方

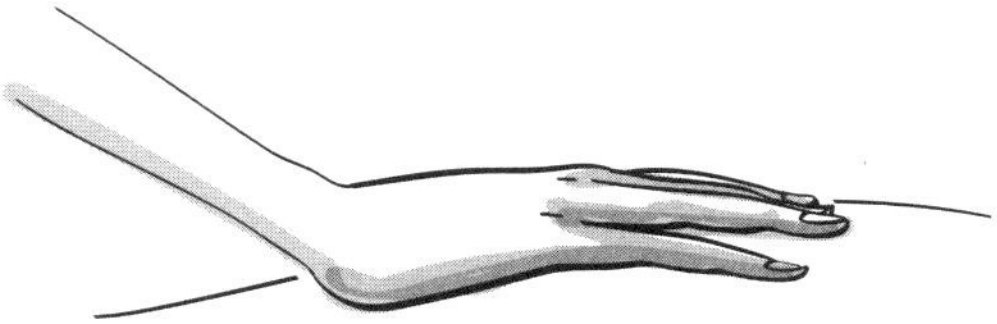

理想はピタッ&スムーズ

やや強めのタッチ圧で密着させた手を、大きな楕円形を描くイメージで右回りに動かします。1秒間に20センチの速度を目安にしてください。

腰から背中への
パームタッチ

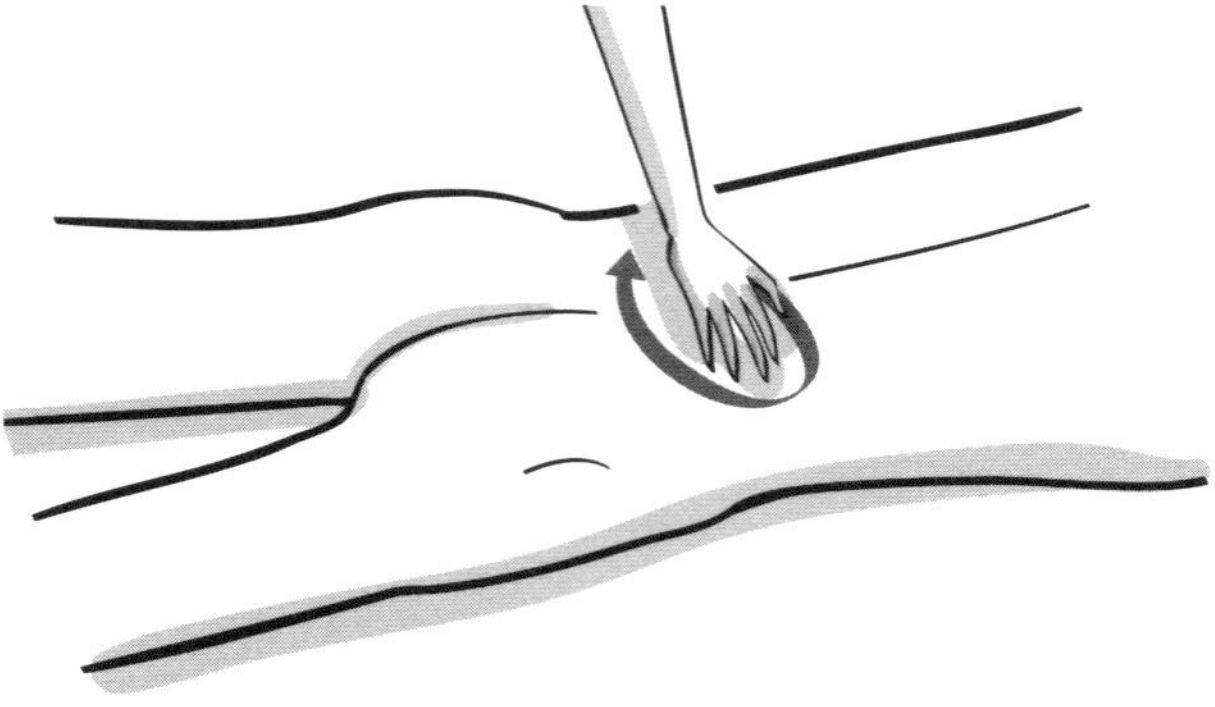

腰に手をつける

実践では男性にうつぶせになってもらい、腰から始めます。男性を癒やしてあげたい、というやさしい気持ちを最優先してください。

イラスト図解１　パームタッチのテクニック

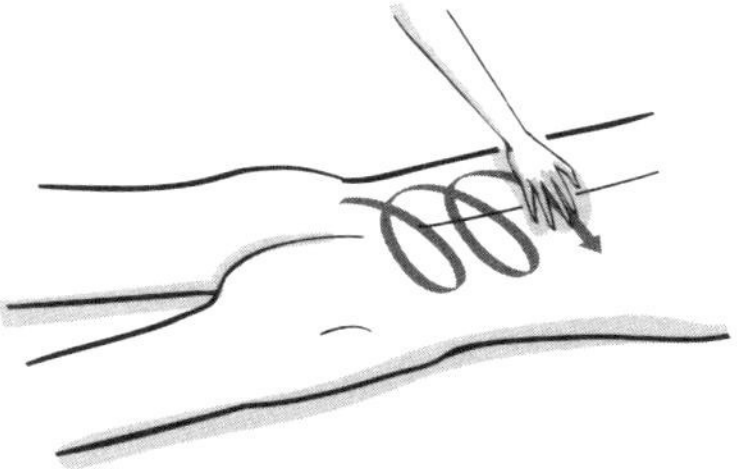

腰から背中へ

完全に無防備なうつ伏せの体勢は、男性の攻撃的な責めっ気を、「受け身」のメンタルへとスムーズに移行させてくれます。

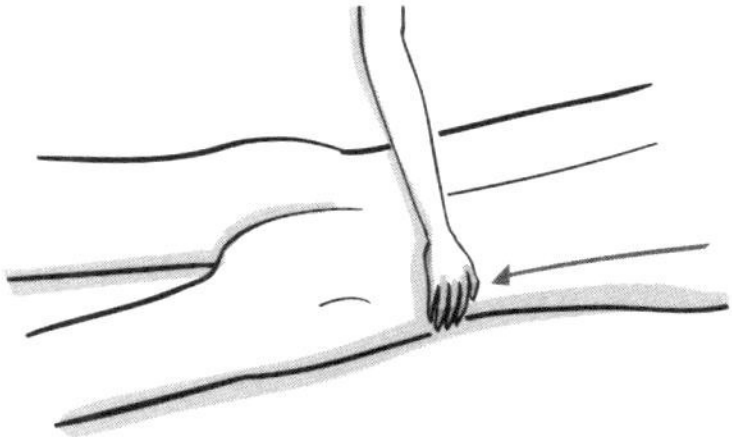

わき腹へ

わきの下からわき腹にスーッと移動していきます。くすぐったい場所なので、しっかりと密着感をキープしましょう。

13

指先が奏でる超快感 アダムタッチ

アダムタッチは、スローセックスの根幹を成すテクニックです。

これまでのセックスで経験したイクよりもずっと高次元の快感が永遠に終わらないような官能状態に突入します。今すぐにでもアダムタッチを心ゆくまで堪能してみたい。その思いを成就させるためには、あなた自身がパートナーの男性にしてあげることが必須条件です。

男性は、その性質として、主体的で能動的な生き物です。セックスでも主導権をとりたがります。ですから一般男性の多くは、フェラチオを除いては、女性からの愛撫を受ける機会がほとんどありません。

受けて初めて、「ああ、こういうふうにされると気持ちいいんだ」とか「嬉しい」とか「幸せ」という気持ちを知れる。特にセックスで幸福感を知るというのはとても大切なことです。

自分が気持ちよくなること、女性をイカせて満足感を得ること、それぱっかりだった男性がはじめて気づく、「幸せになるためにセックスをする」という意識の目覚めは、セックスに大革命をもたらすでしょう。そしてそれは、あなたの人生の幸福に直結すると言っても過言ではありません。

アダムタッチは簡単に言えば、「じれったいくらいゆっくりな指先での愛撫」です。このゆっくりした動きをマスターするのに男性は時間を要します。しかし女性のあなたなら大丈夫。なぜならば、それは女性の感覚にマッチした速度だからです。

そう、あなたはもう、気持ちいい速さを自分の体で知っているのです。

イラスト図解 2

アダムタッチのテクニック

あなたが男性にアダムタッチをしてあげる最大の目的は、あなたがアダムタッチをしてもらうことです。「ソフトな刺激こそが女性を官能に導く」という真実を、実際に体験させてあげましょう。

上手にリードする3つのポイント

☑指と肌の間に薄い被膜があるイメージ

アダムタッチでもっとも重要なのが、そのタッチ圧です。触れるか触れないかの超ソフトな愛撫。指と肌の間に薄い被膜《ひまく》があるイメージを持つと実践しやすいと思います。感覚を掴むまで何度も練習してください。

☑右手で右回りの楕円形を描く

アダムタッチは､右手による右回りが基本となります。陰陽《いんよう》で成り立つ宇宙の法則として、右は送り出す手、左は受け取る手。右回りは性エネルギーが浸透し、左回りは吸引する性質を持っているからです。

☑1秒間に3～5センチのスピード

初めてアダムタッチを学んだ人は、想像以上にゆっくりとした動きに驚きます。しかし､その「遅さ」こそ、長い周波数を持つ女性の性エネルギーにマッチした速度なのです。男性にカラダで覚えてもらいましょう。

アダムタッチの基本フォーム

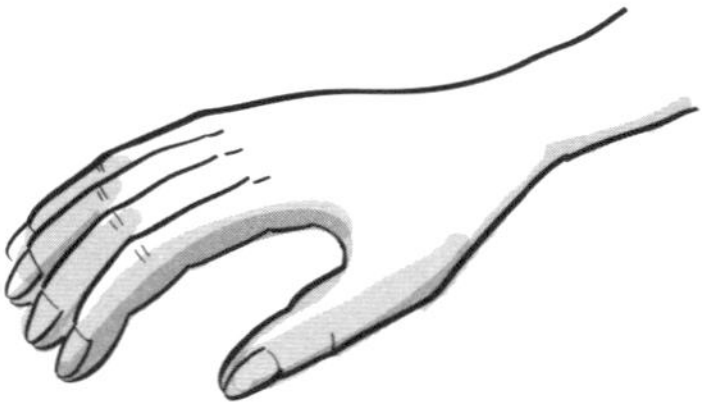

正しい手の型

バスケットボールを掴んだときのような手の形が基本フォームになります。愛撫中はずっとキープし続けるので、正しい「型」を指に記憶させてください。

手のひらを肌にそっと乗せる

右手をそっと肌に乗せます。冷たい手だと、エネルギーが奪われる感じがして不快感を与えるので、必ず手は温めてから行ないましょう。

イラスト図解 2　アダムタッチのテクニック

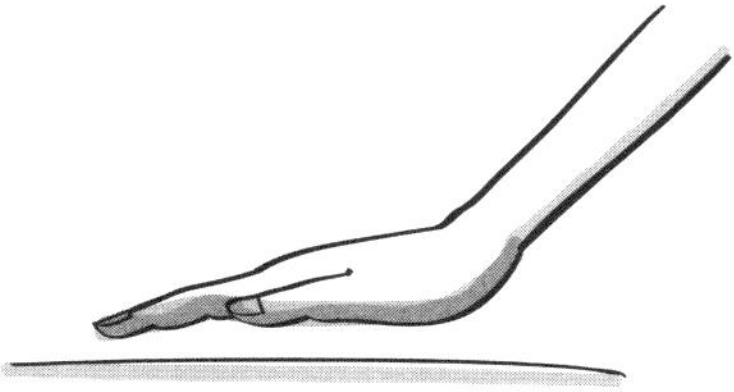

肌と水平に2センチ浮かす

そのまま肌と水平に２センチ浮かせます。指は自然に１センチ間隔で開いた状態。愛撫中も、この２センチをキープします。

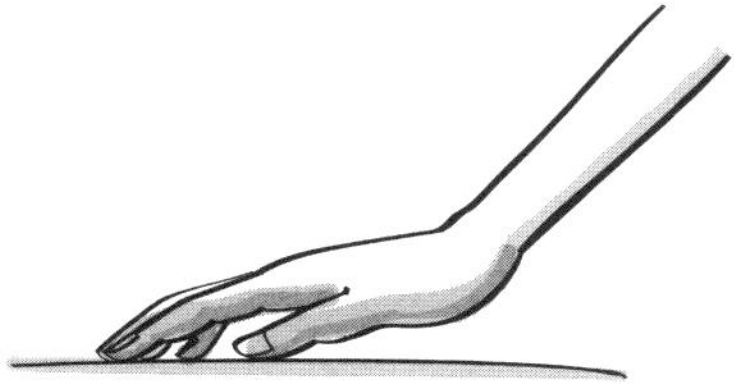

指先だけそっと肌に手を下ろす

手のひらを２センチ浮かせた状態で、５本の指先だけそっと肌に下ろします。アダムタッチの基本フォームの完成です。

アダムタッチの手の動き

背中への
アダムタッチ

人間のカラダの中で、最も広い長方形の面である背中は、初級者の練習エリアにもってこい。背中全体を隅々まで愛撫するように大きな楕円を描きましょう。

胸への
アダムタッチ

胸への愛撫は、男性の顔（表情）がよく見れるので、愛撫に対する反応を確認しながら実践できます。

イラスト図解2　アダムタッチのテクニック

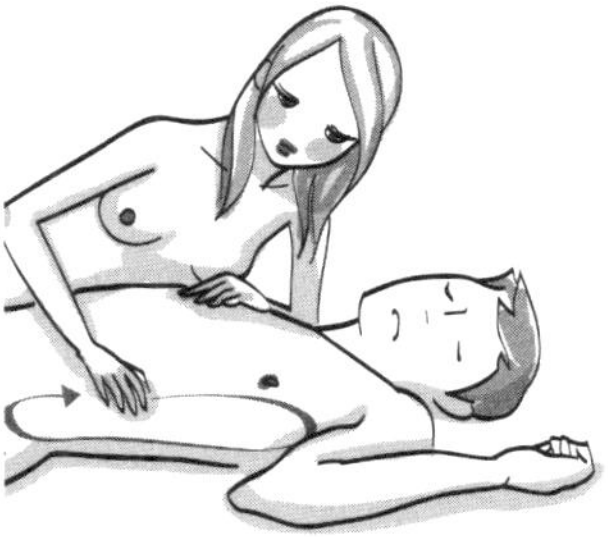

わき腹へのアダムタッチ

わきの下から大腿骨《だいたいこつ》まで、広い範囲をゆったりとマッサージ。アダムタッチとキスの併用に向いているので、ラブラブカップルにおすすめです。

悪い例

指が伸びすぎ

関節のサスペンションが効かないので、タッチ圧の調整ができません。

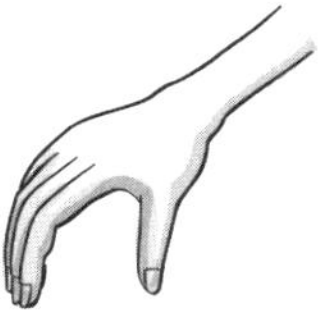

指が立ちすぎ

基本から少しずれただけでも、理想的な気の交流が発生しなくなります。

14

始まりの儀式 レインボーキス

愛情さえあれば、どんなキスだろうと自由じゃないかという意見をよく耳にします。本当にそうでしょうか。

私の考えは違います。何事も最初が肝心と言いますが、セックスにおけるキスがまさにそれです。最初のキスの仕方ひとつで、その後の官能レベルはまるで違ったものになると断言します。

女性は男性の何倍もキスが好きです。１０００人以上の女性とセックスをしてきた私の実感です。その女性たちが口を揃えて言うことがあります。

「最初からディープキスしてくる男性は苦手」

しかし、彼女たちは決してディープキスが嫌なのではありません。いきなり舌を入れられる行為が嫌なのです。女性が求めているその日のファーストタッチは、唇と唇のやさしい触れ合いなのです。

私はこうした女性の感覚に触れるたび、やはり女性はこの世に生を受けた瞬間から女神なのだと確信を深めます。誰に教わったわけでもないのに、私が何十年もかかってやっと知り得たキスの意義を本能的に知っているからです。

キスの意義とは何か。それは男女の陰陽の波動を共鳴させ、共振させることに尽きます。最初のアプローチを間違えると、男女の波動がズレたまま進み、満足のいかないセックスで終わってしまいます。

キスとは、互いの肉体と精神と魂を渾然《こんぜん》一体化させ、セックスを「最高の愛の芸術」に高めるために不可欠な崇高な儀式なのです。私が提唱する7色のキス、レインボーキスをご紹介します。

イラスト図解 3

レインボーキスのテクニック

セックスは最初のキスで決まります。キスの良し悪しが、その後のセックスの流れを決めてしまいます。私が提唱するレインボーキスを学び、正しいセックスのスタートラインに立ってください。

上手にリードする3つのポイント

☑ キスから始まる性エネルギーの交流

キスは最初に男女の粘膜《ねんまく》が触れ合う、神聖でセクシャルな愛の行為です。それは、セックスの満足度を大きく左右する、性エネルギーの出合いの瞬間でもあります。互いの波長をキスで合わせてください。

☑ 五感と感性で味わうキスの本質

キスの意義と本質を知るためのキーワードは、「五感」と「感性」です。五感をフル稼働させて、深い感性で味わう。それが理想のキスです。ただ欲望のままに舌を絡め合う短絡的なキスからは卒業しましょう。

☑ AキスとBキスは必修科目

セックスを最高の「愛の芸術」に高めるためには、激しいだけのキスよりも、安らぎをもたらす静かで繊細な、相手の愛を感じるソフトなキスがもっとも効果的です。A、Bキスの2つは完全マスターしましょう。

A・kiss（アダムキス）

10センチ離れて見つめ合う

相手の呼吸や心臓の音が聞こえるくらいの静寂の中、
2人の性エネルギーは逞《たくま》しく交流を始めます。

イラスト図解 3　**レインボーキスのテクニック**

目をつむって近づく

動作は超スローに。10センチの距離を5～7秒かけてゆっくりと近づきましょう。このとき、唇は完全に力の抜けた状態にしてください。

唇は触れるか触れないかで

ファーストタッチは0・1ミリ。超微細な接触です。それ以上は強く押しつけません。その状態で4秒静止。また元の顔の位置に戻って、2回繰り返します。せっかちな男性をスローな感覚に合わせましょう。

B・kiss（ビギニングキス）

柔らかく熱く唇を押しつける

初めてキスをした日のことを思い出して、熱く唇を押しつけます。動作はＡキスと同じ。同じ時間の感覚でＢキスを３回続けます。Ａ、Ｂキスを続けると、自然と２人の波長が同調してきます。

イラスト図解 3　レインボーキスのテクニック

S・kiss（サウンドキス）

チュッと音を立てて

わざとチュッ、チュッと音を立てて、唇の柔らかい触覚を楽しみ、同時に相手の聴覚を刺激します。猫や犬を呼ぶ時に口の中で出す、チュッチュッという音を上手に活用して、エッチな音楽会を開催しましょう。

T・kiss（タン“舌”キス）

舌先を軽くつつき合わせる

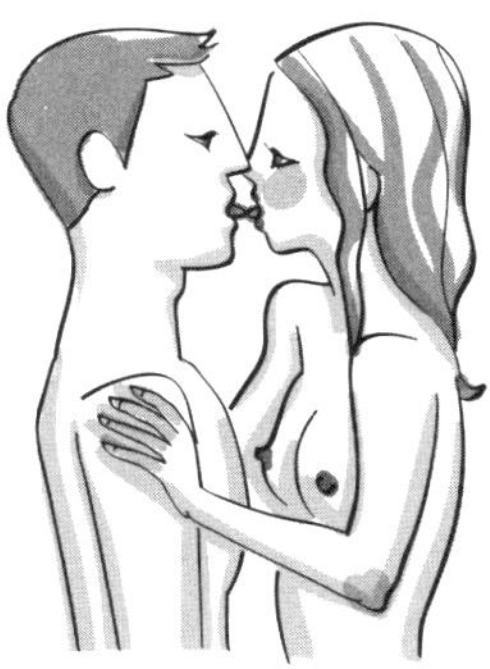

タンとは英語で舌という意味で、お互いに出した舌先と舌先で、つつき合うようなキスです。舌を激しく絡めるだけが脳を興奮させるわけではありません。このようなじらしが、性感を高めていくのです。

D・kiss（ディープキス）

欲望にまかせて舌を絡め合う

これまでじっくりと高めあってきた性感も、そろそろピークです。あなたのほうから先に男性の口の中に舌を滑り込ませ、思う存分に暴れさせてください。

イラスト図解 3　レインボーキスのテクニック

V・kiss（ヴァキュームキス）

口を密着させて吸い合う

互いの口を密着させて完全に塞ぎ、口内が真空になるまで激しく吸い合いましょう。「すべてを吸い尽くしたい！」そんな思いを込めて、唇が腫れるほど情熱的な吸引をしましょう。

P・kiss（ペニスキス）

舌を挿入して出し入れする

今からあなたの舌はペニスです。その舌を女性器に見立てた男性の口に挿入して出し入れします。コツは舌を硬くしないこと。生レバーのようなトロッとした感触と、男女が逆転した倒錯感はエロスの極地です。

15

愛の本音を伝えるペニス愛撫

結局のところ、女性もジャンクセックスの毒に侵されています。そのことが最も顕著に現れているのがペニスへの愛撫です。すぐにペニスを咥《くわ》えてしまうんですね。女性のやさしい気持ちがそうさせることを承知で言いますが、その行為は、前戯もそこそこに挿入をしたがる男性と同じだということにお気づきでしょうか？

フェラチオがいけないと言っているのではありません。愛する男性のペニスを口に含みたいと思う自然な気持ちを否定しているわけでもありません。あなたに知って欲しいことが2つあります。

1つは、ペニス愛撫に限らず、愛撫に最も適しているのは、口（舌）ではなく指だという事実です。舌よりも指先のほうが遥かに器用に動かせます。適切で巧みな愛撫が可能だということです。男性を感じさせるためには、口よりも指のほうが圧倒的に有利なのです。

「愛撫は指で、愛情表現は口で」

こう覚えていただくといいかもしれません。

２つめ。ペニスへの愛撫は、あなた自身がして欲しい愛撫の仕方を男性に伝える格好の機会です。一般男性の多くは、マスターベーションの経験やＡＶの影響で、女性も強く激しい愛撫が感じると思い込んでいます。

あなたの器用な指先が奏でる繊細な刺激で、「あ、こういうふうにされるのも気持ちいいんだ」ということを彼に教えてあげましょう。

「強いのは痛いだけ。もっとやさしく、もっとゆっくり愛して欲しい」

言いたくても言えなかった本音を、ペニス愛撫を通じて教えてあげてください。

イラスト図解 4

ペニス愛撫のテクニック

安易なフェラチオは、挿入前の儀礼になりがち。一方で指での愛撫は、あなたが彼自身を料理する、まさに腕の見せどころ。男性の感受性に訴える極上のフルコースを味あわせてあげましょう。

上手にリードする3つのポイント

☑ オイルは現代カップルの必需品

指でのペニス愛撫には、必ずマッサージ用のオイルを使ってください。ローションの人工的なヌルヌル感は不自然ですし、後始末も大変なのでオススメしません。オイルは肌に馴染み、後始末も楽です。

☑ 魔法のオイルで男性を虜にしよう

ペニス愛撫の初級者をたちまち達人クラスに変えるのが、私が開発したアダムオイルです。一度使ってもらえばわかりますが、「摩擦係数」が絶妙です。彼があなたの手の虜になってしまうこと請け負いです。

☑ 男性がイキそうになったら…

男性がイキそうになったら、「バイブレーション愛撫法」に切り替えて落ち着かせます。自由に男性をコントロールできるようになって、イクよりも気持ちいい「感じる」の世界を見せてあげましょう。

ペニスの性感帯

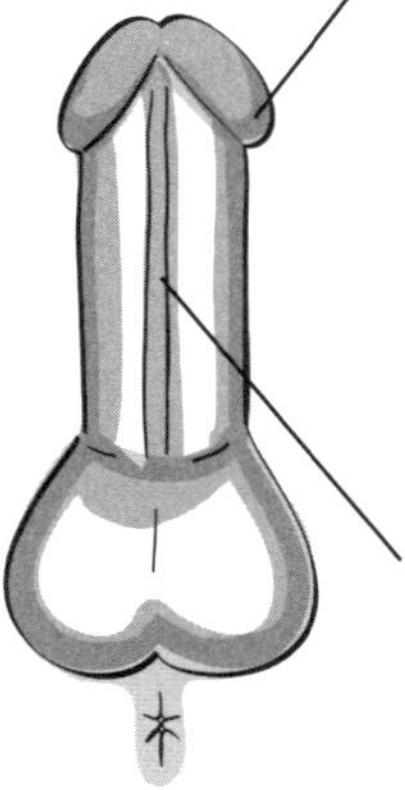

カリ首

女性のクリトリスに相当する亀頭はもっとも男性が感じる性感帯です。中でもエッジ部分にあたる「カリ首」は、男性が一番気持ちのいいところです。

縫い目と裏スジ

亀頭と皮がつながる「縫い目」、そこから根本にかけての「裏スジ」もとても敏感です。アダムタッチで愛撫されると男性はゾクゾクとした快感が得られます。

イラスト図解 4　ペニス愛撫のテクニック

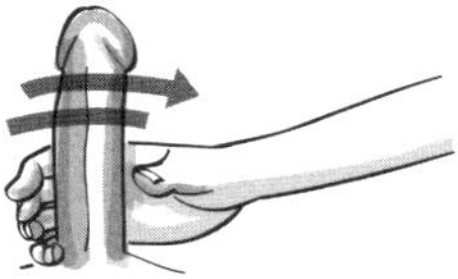

揺さぶり愛撫法

勃起前のペニスを指で挟み、プルプルと左右に揺さぶります。こんなにソフトな刺激でも、愛情を込めてやればムクムクと元気になってきます。まだまだ序盤、敏感な亀頭付近はノータッチで。

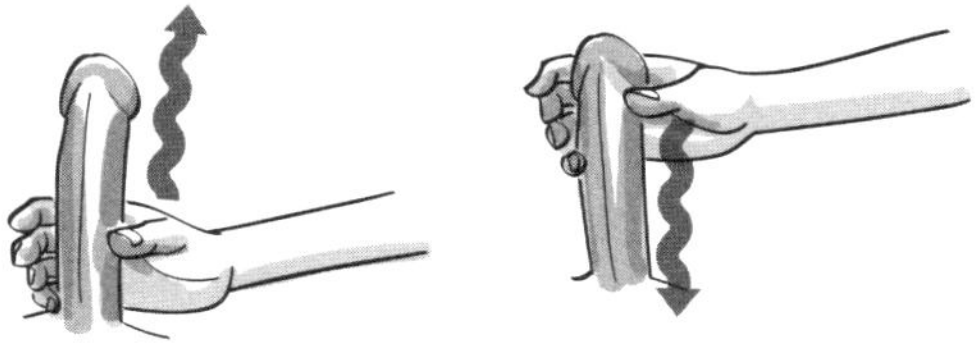

バイブレーション愛撫法

ペニスが大きくなってきたら、「コ」の字の形にした手をペニスに添えて左右に揺らします。指と手の間の隙間は2～3センチ。小刻みなバイブレーションで、根本から亀頭にかけて手を上下させて竿の部分を刺激しましょう。

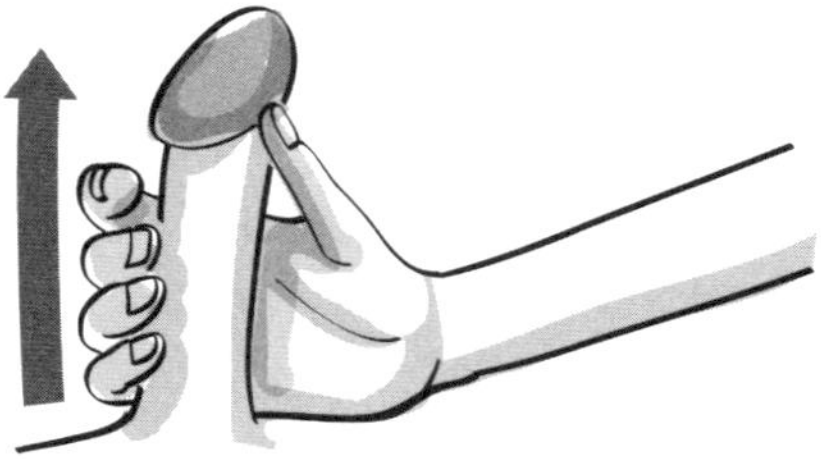

アダムタッチ愛撫法

最初はペニスへのアダムタッチで、「淡い快感」の存在を男性に伝えましょう。触れるか触れないかの繊細なタッチ圧で、亀頭や裏スジを愛撫します。両手を使うのも効果的です。

イラスト図解 4　ペニス愛撫のテクニック

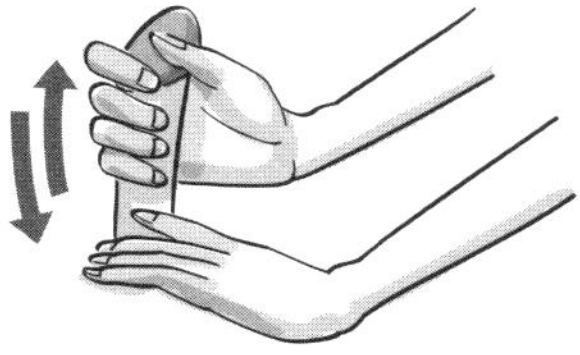

摩擦愛撫法

手のひら全体でペニスを包み込むようにして上下させ、亀頭を中心に愛撫していきます。俗に「手コキ」と呼ばれ、男性のマスターベーションに多用されるテクニックです。

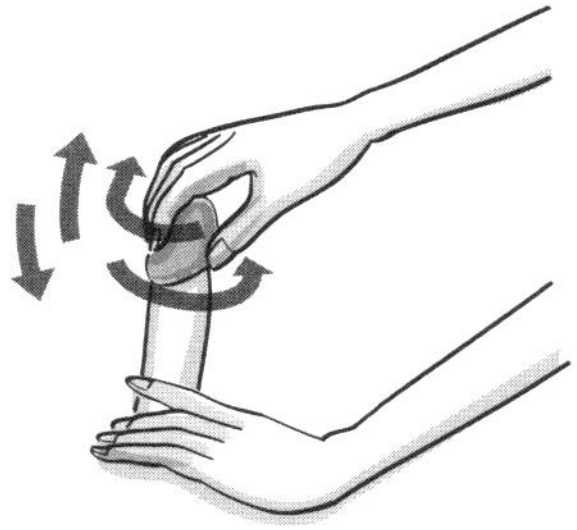

ボトルキャップ愛撫法

ペットボトルの蓋を開けるイメージで、5本の指先の腹を使って、亀頭の周りをクルクルとマッサージします。メインとなるのは回転運動ですが、同じ指の形のまま上下させる動きも、いいアクセントになります。

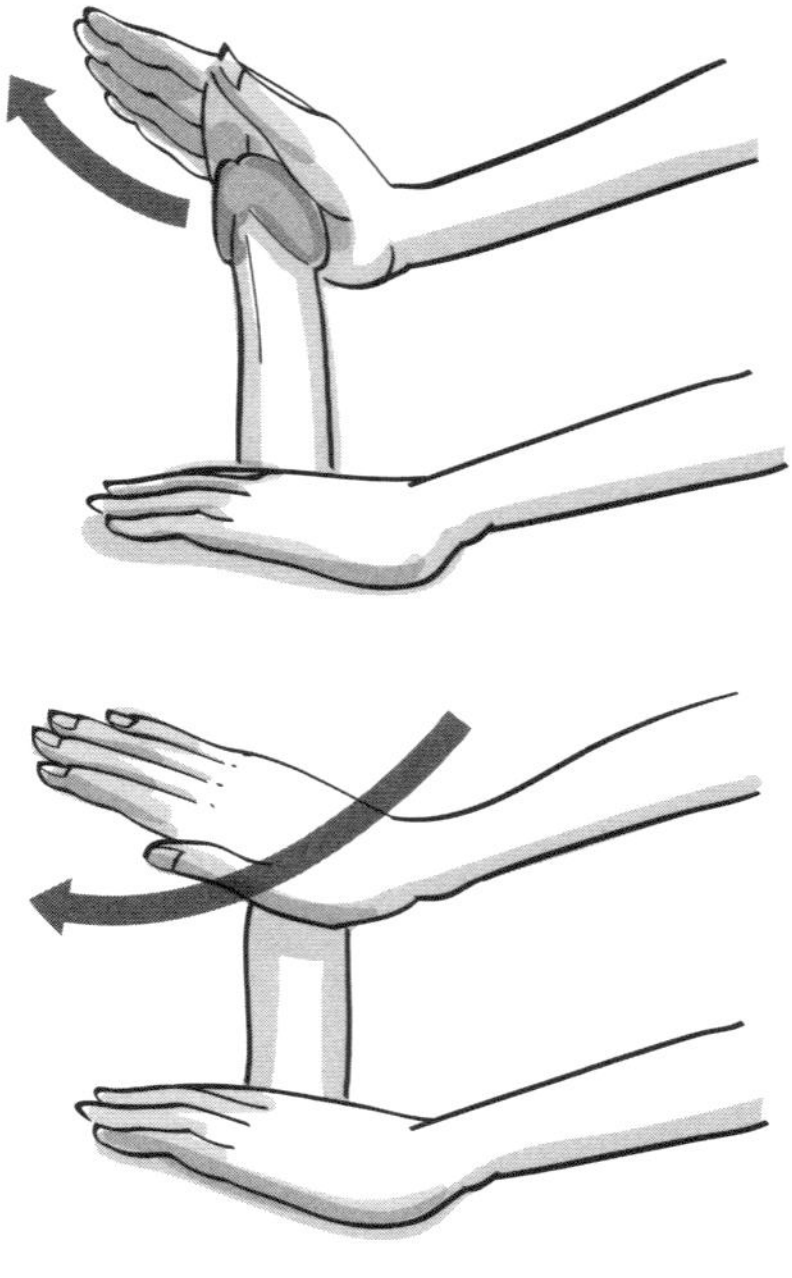

ローリング愛撫法

手のひらの中心部をペニスの先端に当て、手首をローリングさせて亀頭を愛撫します。手のひらを亀頭にぴったりと密着させるのがポイント。これを続けると、痺《しび》れるような快感を男性は味わうことができます。

イラスト図解 4　ペニス愛撫のテクニック

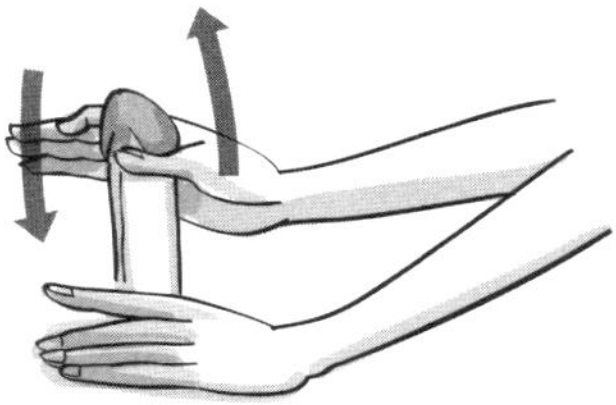

カリ首愛撫法

親指と人差し指で作った輪の内側で、カリ首を軽くひっかけるようにして上下に擦るテクニックです。上下にシコシコとリズミカルな刺激を与えましょう。

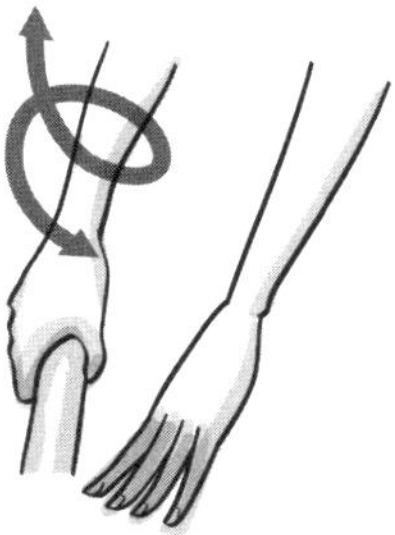

スクリュー愛撫法

ペニスを上から持つ「逆手《さかて》」で行ないます。押し込むときは時計回り、引くときは反時計回りになるように、手をスクリューのように回転させながら上下させてください。最大級の刺激が男性を襲う、切り札的なテクニックです。

POINT 2

- 人間の根源的な欲求は「愛で満たされる」こと。
- セックスの本質は性エネルギーの交流。
- 最初のキスが官能レベルを左右します。
- ペニスへの愛撫で自分の気持ちを男性に伝えましょう。

第3章

彼を目覚めさせる複合愛撫の方法

16

複合愛撫で彼の性感脳を開きましょう

２カ所以上の性感帯を同時に愛撫をすることを、「複合愛撫」と言います。

この言葉をはじめて目にした人は、なにか特別で高等なテクニックのように思われるかもしれません。

しかし、その「なんだか難しそう」というイメージが、そもそもの間違いです。

私とセックスした女性はみなさん、「こんなセックス初めて！」「こんなに自分の体が感じるなんて今まで知りませんでした！」と感動されます。

テクニック自慢をしているのではありません。もしも私と一般男性の間に違いがあるとすれば、それは個別のテクニックの差というよりも、「愛撫＝複合愛撫」という認識の有無にあると思います。

たとえば、その日はじめて会った一般女性とセックスする場合、閉ざした性感脳を開いてあげるためにアダムタッチを1時間以上続けることはざらにありますが、ただ単にずっとアダムタッチだけをしているわけではありません。常に右手を動かしながら、同時に、間断なくオーラルテクニックを繰り出しています。

セックスの最中に、右手と口のどちらかが遊んでいるという状態はほとんどありません。クンニのときも内腿やわき腹にアダムタッチしたり、両手を伸ばして乳首を愛撫しています。

交接の最中も、アダムタッチやスクラッチ（爪で軽くひっかく愛撫法）を、相手の背中や脚に繰り出し続けています。つまり、「ペニスによる膣《ちつ》への愛撫」＋「アダムタッチ」の複合愛撫というわけです。

一般男性のほとんどは、ひとつのテクニックを使うのが基本で、同時に2種類のテクニックを使うのは応用編というとらえ方をしています。それが大きな間違いです。

わかりやすいように話を音楽に置きかえてみましょう。どんなに素晴らしい演奏でも、楽器がバイオリンひとつだけだとちょっと単調ですよね。

そこにフルートが加わる、ビオラ、ホルン、クラリネット、コントラバスが後に続いて……。さまざまな音色が幾重にも折り重なって、一気に会場はオーケストラが奏でる荘厳で優雅な交響曲に心を奪われる。

このイメージを再びセックスに戻して、あなた自身のカラダで味わって欲しいのです。カラダ中にさまざまな楽器が散りばめられた、全身性感帯という生まれ持ったあなたの神秘の機能を覚醒させて、セックスの本当の素晴らしさを知ってください。

あなたが本当のセックスを手に入れるためには、鍵であるパートナーの男性を覚醒させなければなりません。そのためにはあなた自身がスローセックスをマスターして、男性にしてあげることが第一歩です。

してあげた後に言葉で、「ねえ、私と同じようにしてみて」と伝えるのは簡単ですが、経験上、「彼」や「夫」たちは、セックスを他人から直接教わることに慣れていません。拒否反応を示すケースがほとんどです。一方では普通にＡＶを教科書にして、間違いだらけのテクニックで女性を困らせているくせにです。

男のちっぽけなプライドがじゃまをするのか、女性から言われると、「じゃあ、今までは気持ちよくなかったってこと？」と逆ギレしたり、自信をなくして落ち込んだり、とにかく真正面からぶつかる正攻法でうまくいった話を聞きません。

ですので、まずは男性に受け身の楽しさを知ってもらう必要があります。遠回りなようで、これが一番の近道です。

「私が男になってあなたを襲っちゃう」くらいの遊び感覚の中で、このあとご紹介する複合愛撫を男性に試してあげてください。言葉ではなくカラダで、「ね、こうすると気持ちいいでしょ」と、あなたがして欲しいことを伝えるのです。

イラスト図解 5

キス＋アダムタッチのテクニック

女性が上になって、キスしながらアダムタッチを繰り出すことで、男性は自然と「受け身」の気持ちになれます。女性を責めることで頭がいっぱいの彼に受け身の楽しさを教えてあげましょう。

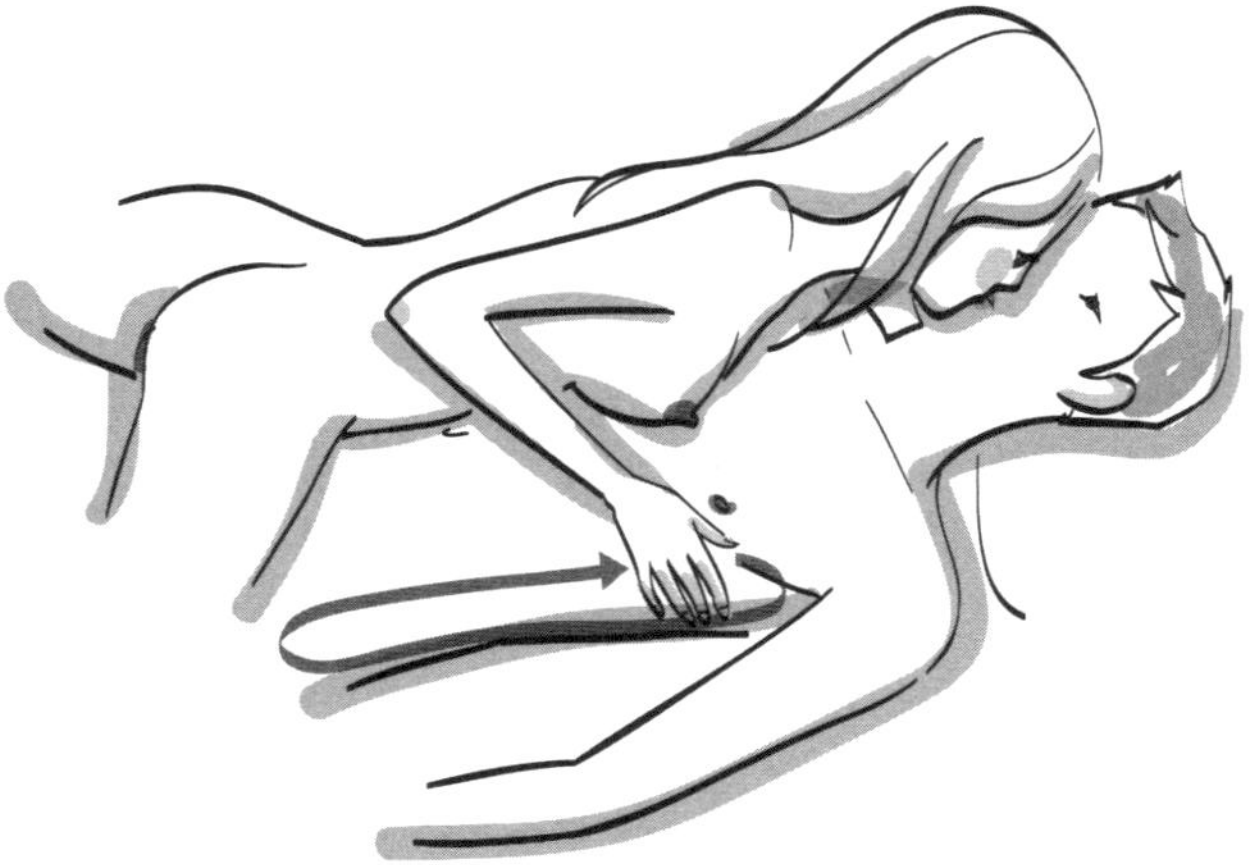

上手にリードする3つのポイント

☑責めのキスで攻守交替を明らかに

男性のキスに応じる受け身のキスではなく、あなたが主導権を握る責めのキスにして、完全に攻守が入れ替わったことを明らかにしましょう。「これからは私の時間よ」と、言葉ではっきりと伝えるのもありです。

☑フェラチオへの伏線と心得る

攻め上手になる秘訣は、「フェラチオは咥《くわ》えるまでが勝負」という認識を持つこと。キスから始まる男性への愛撫は、男性がじれったくなるほどペニス愛撫を待ち焦がれる、長い伏線の序章なのです。

☑「キス3：アダムタッチ7」の意識配分

キスとアダムタッチ。2つのテクニックを同時に行なうのは案外難しいものです。中途半端な複合愛撫にならないためにも、慣れるまでは、「キス3：アダムタッチ7」くらいの意識を持つといいでしょう。

背中へのキス＋わき腹へのアダムタッチ

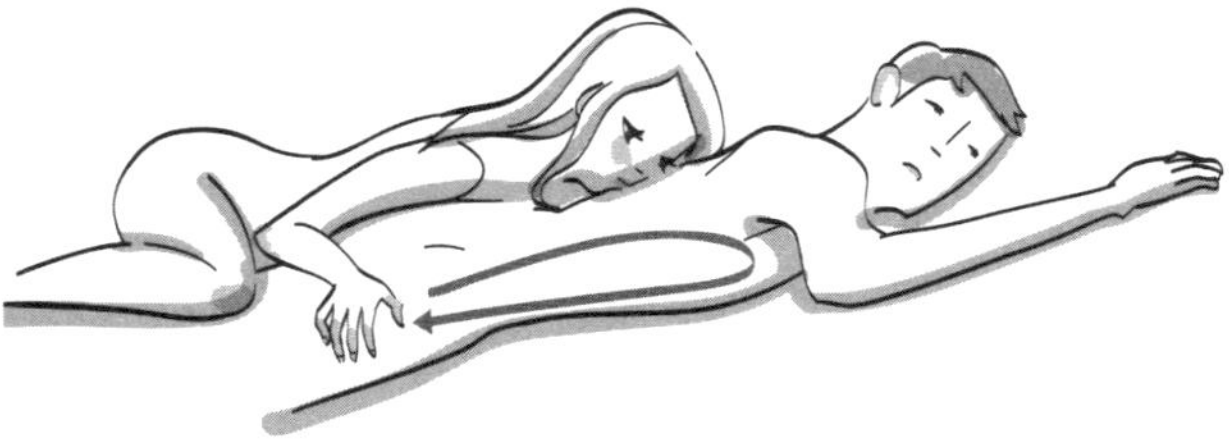

わき腹全体を大きく愛撫する

わき腹全体に大きな楕円形を描くイメージで、隅々までていねいにアダムタッチしましょう。背中は、できるだけ舌を長く出して、腰から首に向かってベローンと舐《な》め上げてあげるのも効果的です。

イラスト図解 5　キス＋アダムタッチのテクニック

胸へのキス＋胸への
アダムタッチ

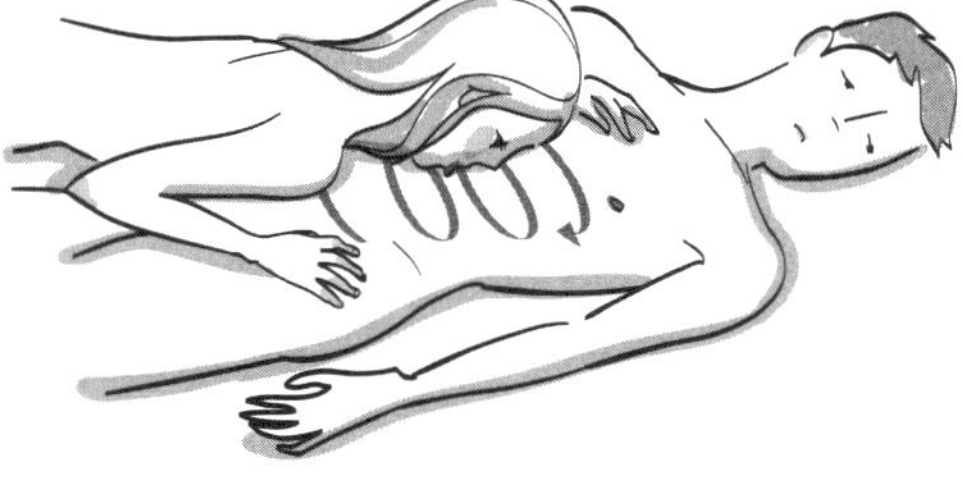

ペニス愛撫への伏線を張る

乳首を舌で責めながら、胸からお腹にかけてゆっくりとアダムタッチします。我慢できなくなった男性が「お願い、触って」とペニス愛撫を求めてきても、まだ触ってはいけません。それが「じらし」の極意です。

イラスト図解 6

キス＋ペニス愛撫のテクニック

女性に唇を奪われながらペニスを愛撫される。男性にとって、こんなにうれしいことはありません。「尽くす」気持ちと「責め」の意識を調和して、彼に至福の時をプレゼントしてあげましょう。

上手にリードする3つのポイント

☑本来の「尽くす」性質を発動させる

男性は女性から「尽くされる」ことに喜びを覚えます。そして女性であるあなたは「尽くす」ことに喜びを覚える性です。異なる性質を合体させて、陰陽の法則を発動させるとセックスがずっと楽しくなります。

☑責める喜びが相互愛撫の扉を開く

セックスの醍醐味は「相互愛撫・相互官能」、つまり互いに愛撫し合い、互いに感じ合うことにあります。今、あなたが学んでいる男性への愛撫は、私が「ふたりタッチ」と名付けた､相互愛撫への入り口なのです。

☑男性の喘ぐ姿が愛しく思えてくる

女性の官能美を見ることで男性が変わるように、愛する男性が感じている姿を見ることで女性の心にも大きな変化が現れます。「彼の感じてる顔、かわいい。興奮しちゃう」。男性の体にもっと興味を持ちましょう。

胸キス＋ペニス愛撫のテクニック

ちょっとじらすのがコツ

首すじ、鎖骨を丁寧に舐めながら、だんだん胸に下りていきます。女性の場合もそうですが、敏感な乳首に触れるのはちょっとじらすのが効果的です。イカせることが目的ではないので、ペニス愛撫はソフトに。

イラスト図解 6　キス＋ペニス愛撫のテクニック

キス＋ペニス愛撫のテクニック

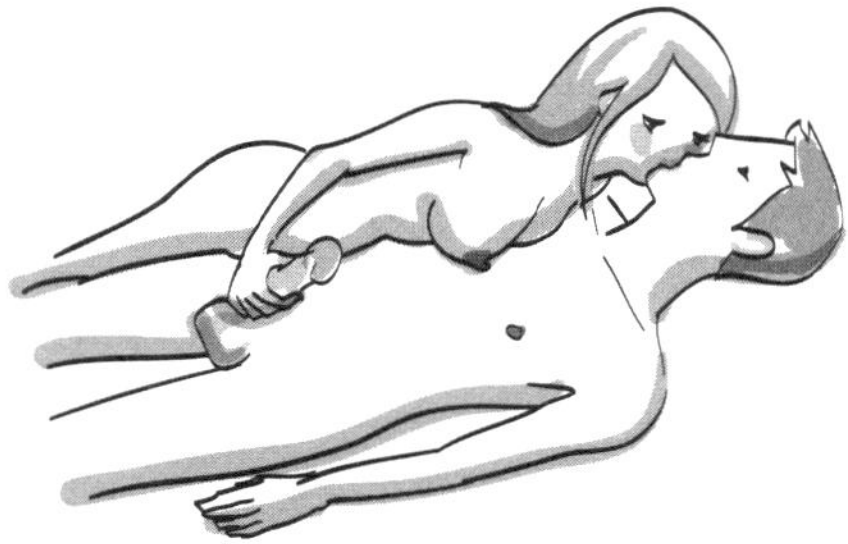

ペニスキスで男性の口を犯す

このときオススメなのが「ペニスキス」。ペニスに見立てた自分の舌で男性の口を犯しながら、男性自身をシコシコしてあげましょう。耳元でエッチな言葉を囁いてあげると興奮はさらに高まります。

イラスト図解 7

乳首なめ＋アダムタッチのテクニック

乳首へのキスであなたの愛を表現しながら、指でしっかりと男性を感じさせてあげましょう。どちらかが疎かにならないように注意しながら、男性の感じる場所を探していきましょう。

上手にリードする3つのポイント

☑男性を責めることであなたも変わる

女性に「どこが気持ちいい？」と聞いた時の「恥ずかしいから言えない」という答えは可愛いですが、男性からすると困ってしまうものです。彼に「どこが気持ちいい？」と聞くことで、女性は照れ隠しな自分の性格からも脱皮しましょう。

☑男もゆっくりイカせて欲しい

心のどこかで「男性は早くイキたがってる」と思っていませんか？　男性もじっくり時間をかけて全身を愛撫されると大きな快感を得られます。この快感が大きいほど、男性は「愛撫の重要性」に気づくのです。

☑しっかり丁寧に

女性からゆっくりたっぷり愛されて気持ちよくなった男性は、そのお返しとばかりに、丁寧な愛撫であなたに尽くしてくれるようになります。この意識をしっかりと持って愛撫に臨んでください。

乳首なめ＋太ももの
アダムタッチ

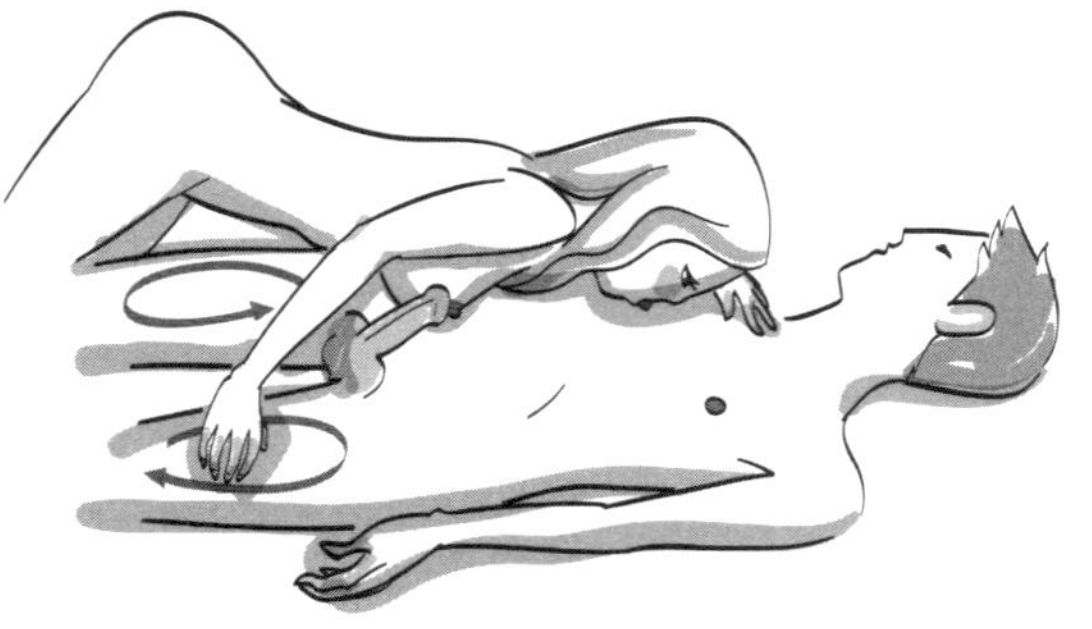

太ももは外から内へ

乳首を責めながら太ももをなでなでします。「もうすぐペニスを触ってあげるね」という感じで、太ももの外側から内ももへゆっくりと愛撫の手を移動させていきましょう。期待感に男性の胸が踊りだします。

イラスト図解７　乳首なめ＋アダムタッチのテクニック

乳首なめ＋ペニスへの アダムタッチ

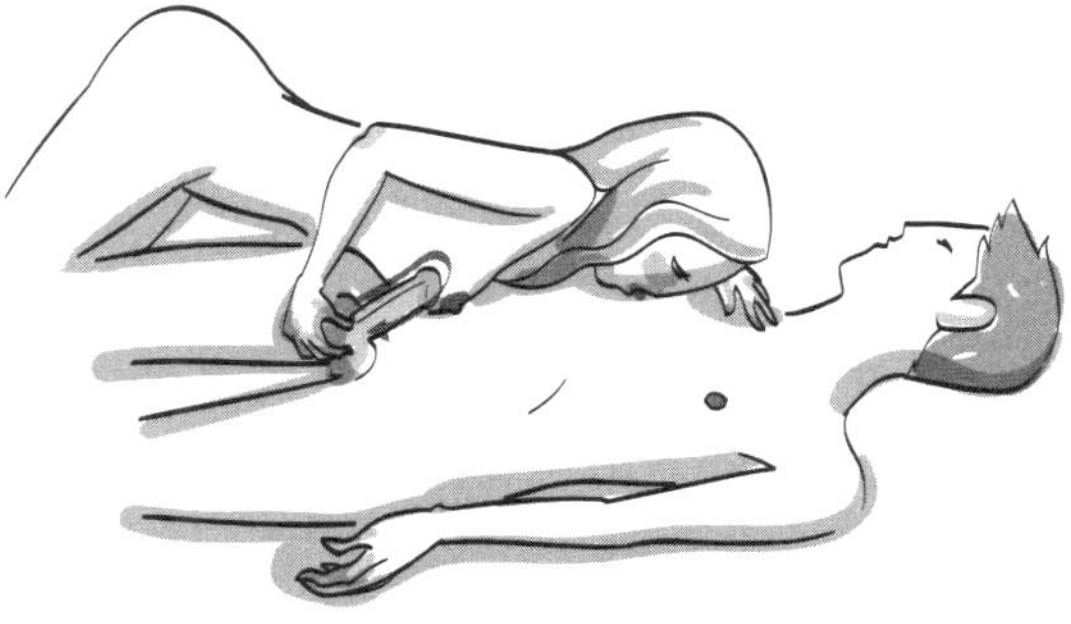

２大性感帯を同時に責める

男性の２大性感帯とでも呼ぶべき、ペニスと乳首への複合愛撫です。「あー、今すぐにでも射精したい」「焦っちゃダーメ。これからもっと気持ちよくしてあげる」無言のキャッチボールでカレを攻め立てましょう。

イラスト図解 8

乳首なめ＋乳首愛撫のテクニック

乳首は男性の数少ないＡ級性感帯のひとつ。本当は乳首を愛撫して欲しいのに、プライドが邪魔をして言えない男性は意外と多いんです。テクニックを磨いて彼のあえぎ声をゲットしましょう。

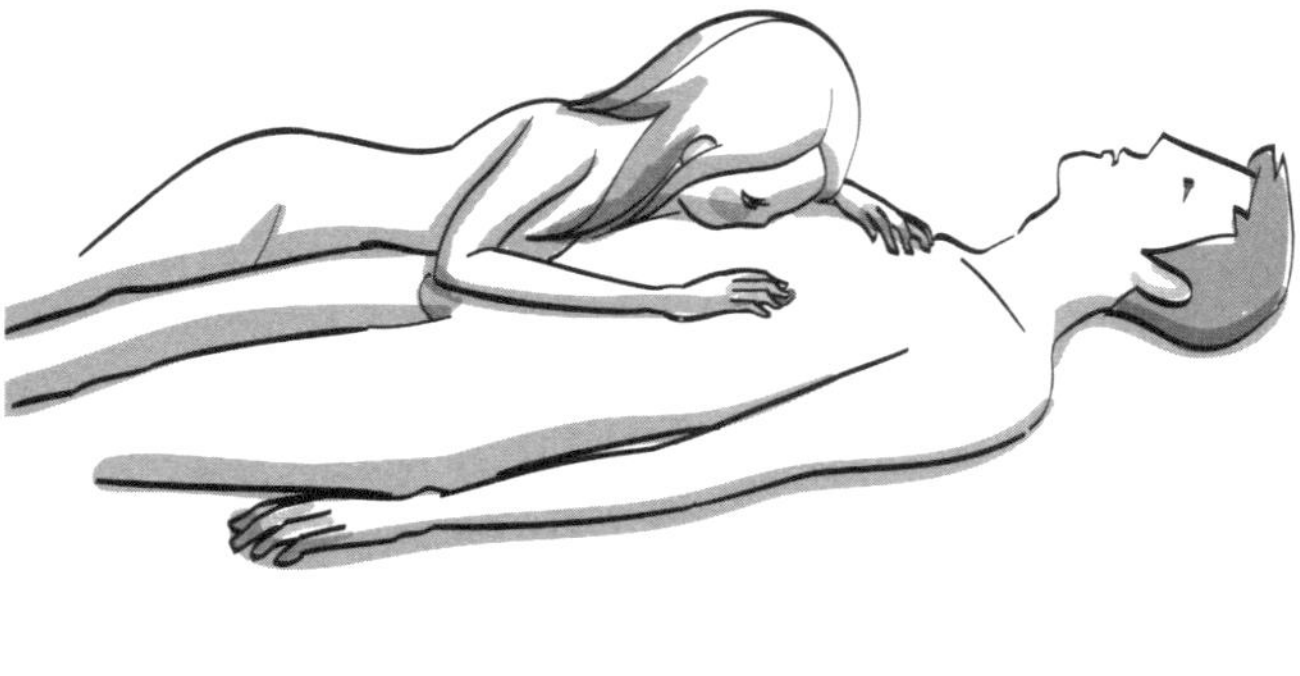

上手にリードする3つのポイント

☑ 舌と指、異なる刺激で翻弄《ほんろう》する

口や舌による愛撫と、指による愛撫では、刺激の種類がまったく違います。しっかりとテクニックを学んで、左右の乳首に、異なる刺激を与えて、男性を翻弄してあげましょう。

☑ バリエーション豊かに責める

口技も、「吸う」と「舐める」では異なりますし、指技も、「摘む」と「弾く」はまるで違った刺激です。組み合わせを工夫して、無限のバリエーションを手に入れましょう。それはあなたの胸への愛撫に返ってきます。

☑ わざといやらしい音を出す

男性は「音」に興奮する生き物です。チュ、チュバッ、レロレロ、ベローン……。恥ずかしがらずに色んな音を奏でて淫靡な空間を演出しましょう。いやらしい上目遣いで彼を見つめてあげるのも効果的です。

擦《す》りテクニック

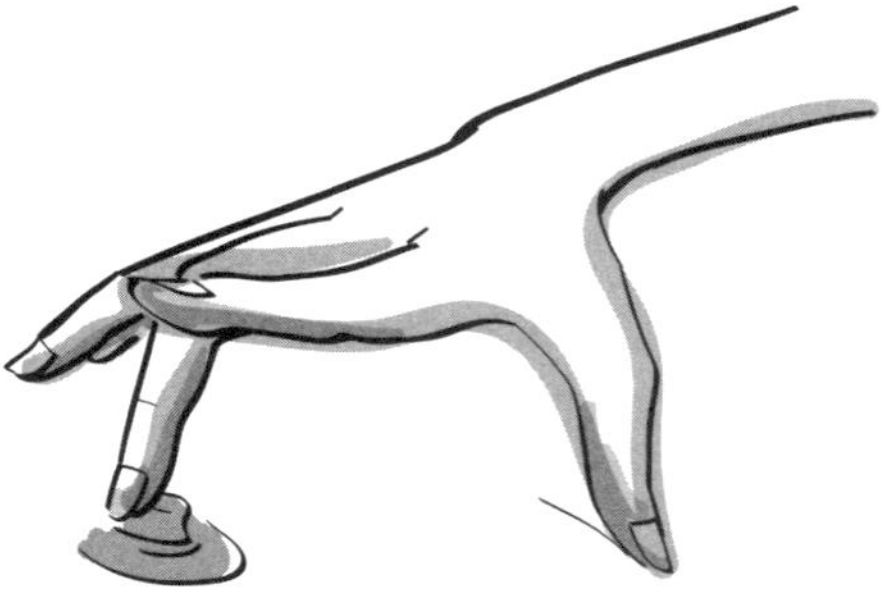

引くときの指使いがポイント

親指で支点をつくり、安定したフォームで中指を小刻みに前後させて乳首に刺激を与えます。引く時に乳首の先端を擦るように愛撫するのがポイント。1秒間に3往復くらいのリズムが理想的です。

イラスト図解 8　乳首なめ＋乳首愛撫のテクニック

捻《ひね》りテクニック

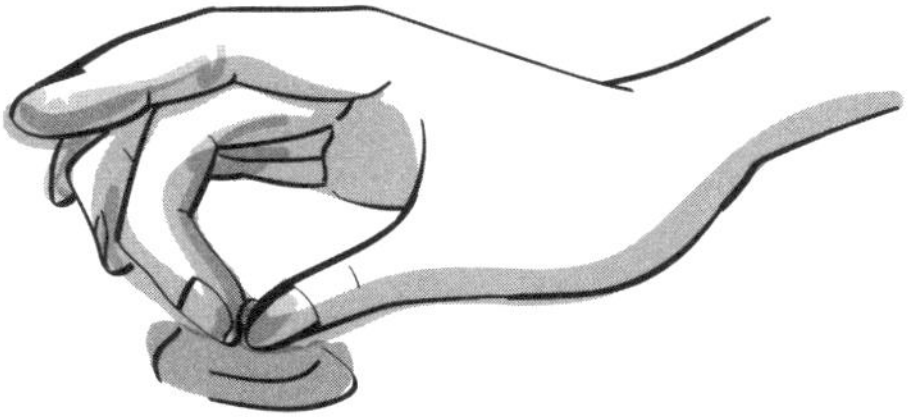

軽い痛みが気持ちいい

ソフトな刺激をたっぷり与えられて感じてくるようになった乳首は、「軽い痛み」も快感に転化します。乳首を指先で潰すように摘んで左右に捻るように愛撫して、彼のＭっ気を引き出してあげましょう。

イラスト図解 9

乳首なめ＋ペニス愛撫のテクニック

第２章でペニス愛撫の基本を紹介しましたが、実践ではペニスと同時に別の性感帯にも刺激を加えます。あなたが複合愛撫のお手本を見せることが、男性の意識改革につながります。

上手にリードする3つのポイント

☑してもらいたいことをしてあげる

乳首とペニスの複合愛撫は、男性から乳首とクリトリスを同時に愛してもらうためのデモンストレーションです。１＋１＝２ではなく、3にも４にもなることを、あなたが彼に教えてあげましょう。

☑セックスも練習が大切です

セックスに不満を持っている女性は少なくありません。けれど、あなたは自分のセックスに自信がありますか？　男性を満足させていますか？　セックスも練習が大切という当たり前を、経験を通じて知りましょう。

☑程よいタイミングで寸止めを入れる

イッた後も気持ちよさが続く女性と違って、男性は射精すると急激に性欲が減退します。なのでペニス愛撫は、彼の持久力を計算に入れて、しっかり「寸止め」をしてあげましょう。

乳首なめ＋摩擦愛撫

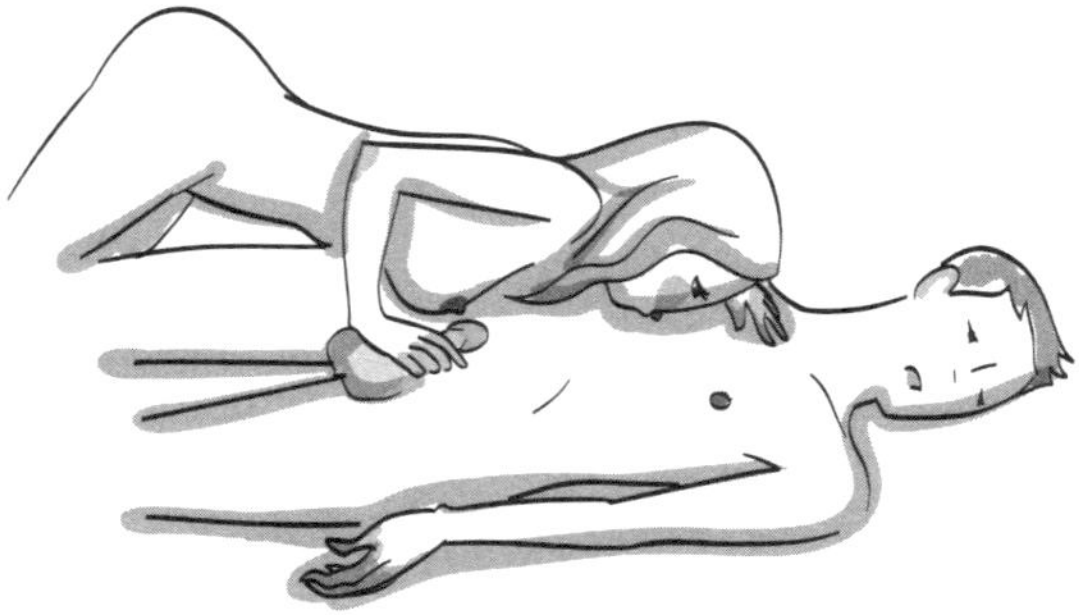

エッチに胸を密着させて

乳首を舐めながら、摩擦愛撫でペニスを刺激します。このとき上半身を密着させて、おっぱいを押しつけてあげると、男性の興奮度はますますアップします。

イラスト図解 9　乳首なめ＋ペニス愛撫のテクニック

乳首なめ＋スクリュー愛撫

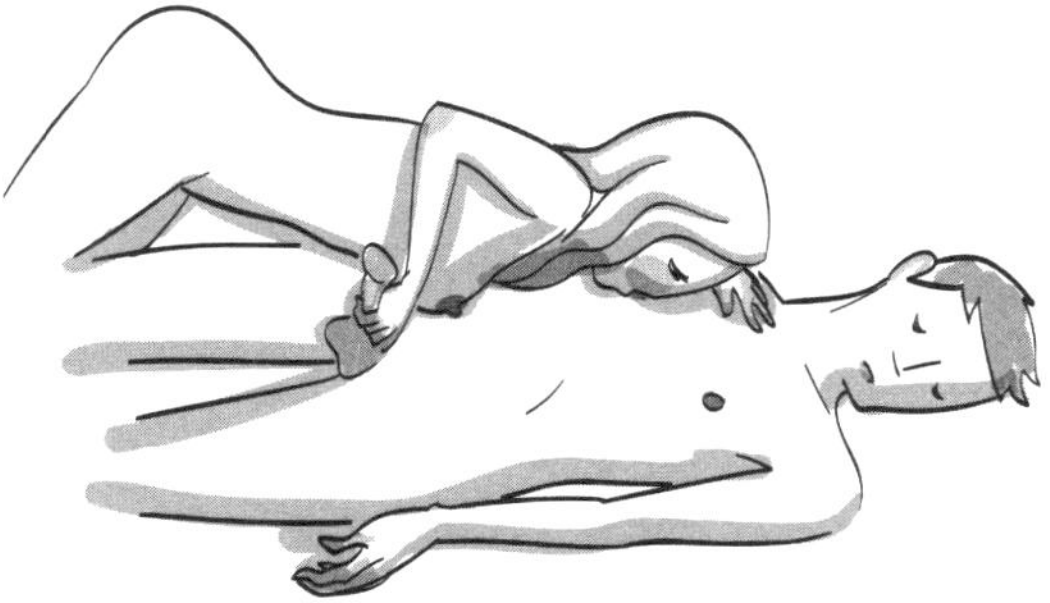

責め過ぎは禁物

スクリュー愛撫は、ペニス愛撫の最高峰と言っても過言ではない超絶テクです。しかしそこは諸刃の剣。あえぐ姿が嬉しくて夢中になりすぎると、トドメの一撃になってしまいます。体はホットでも頭はクールに。

イラスト図解　10

素股＋ペニス愛撫のテクニック

素股は大きく２種類に分けられます。ペニスを直接女性器に擦りつける方法と、女性器の付近でペニスを握って愛撫する方法です。ここでは騎乗位への期待感を高める素股での演出を紹介します。

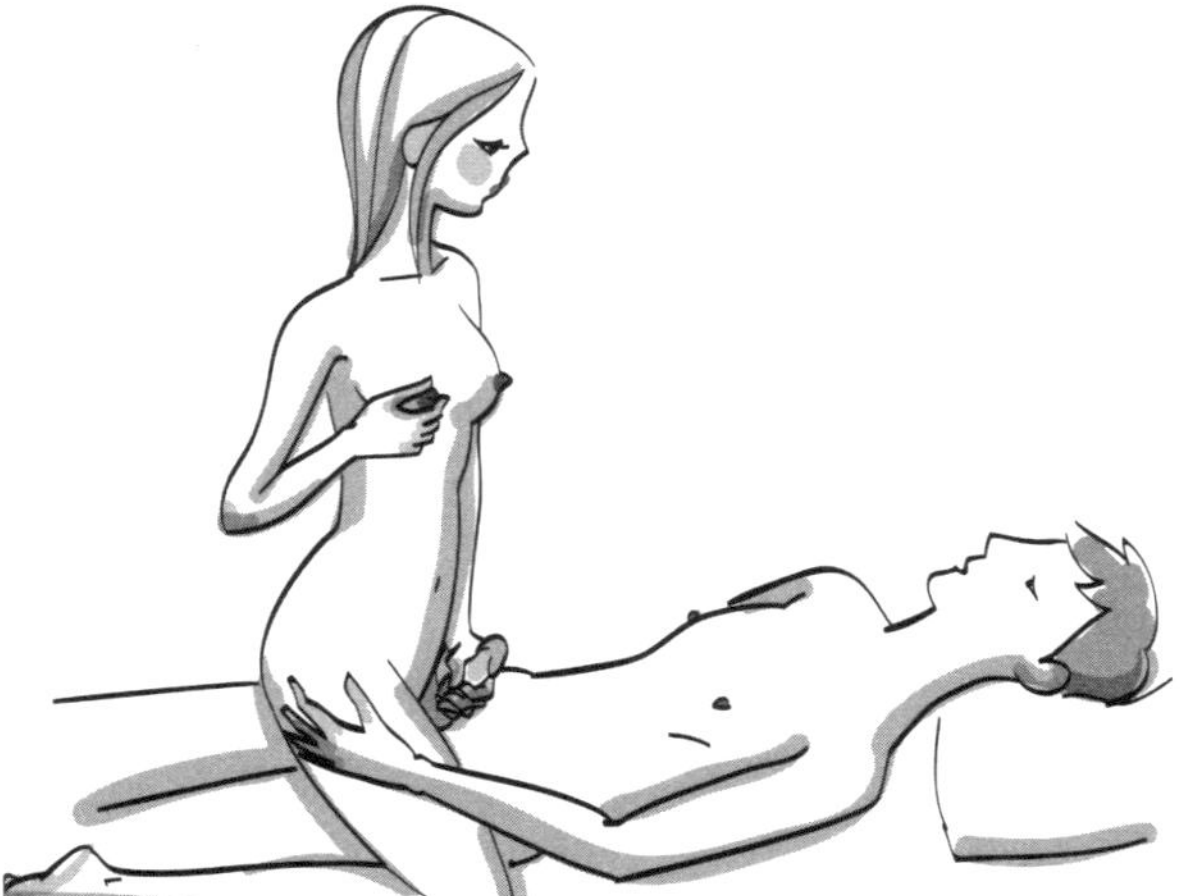

上手にリードする3つのポイント

☑ 男性は視覚で興奮する生き物

自分のペニスにクリトリスや小陰唇《しょういんしん》に擦りつけて快感を貪っている女性の姿に、興奮しない男性などいません。男性は視覚で興奮する生き物です。AV 女優になったつもりで、彼の目を楽しませてあげましょう。

☑ 騎乗位へのセクシーなアプローチ

素股そのものも楽しく気持ちいいものですが、騎乗位の一歩手前であるこの行為は、そのまま騎乗位へのセクシーなアプローチでもあります。互いに欲望を高め、それが現実となるプロセスを２人で堪能しましょう。

☑ 責める楽しさと難しさを知る

女性はセックスの上手な男性が好きです。しかしそれは、自分が受け身であることが前提になっていませんか？　高い技術と演出が同時に求められる騎乗位素股で、上手を目指し、同時に責める喜びを知りましょう。

素股＋スクリュー愛撫

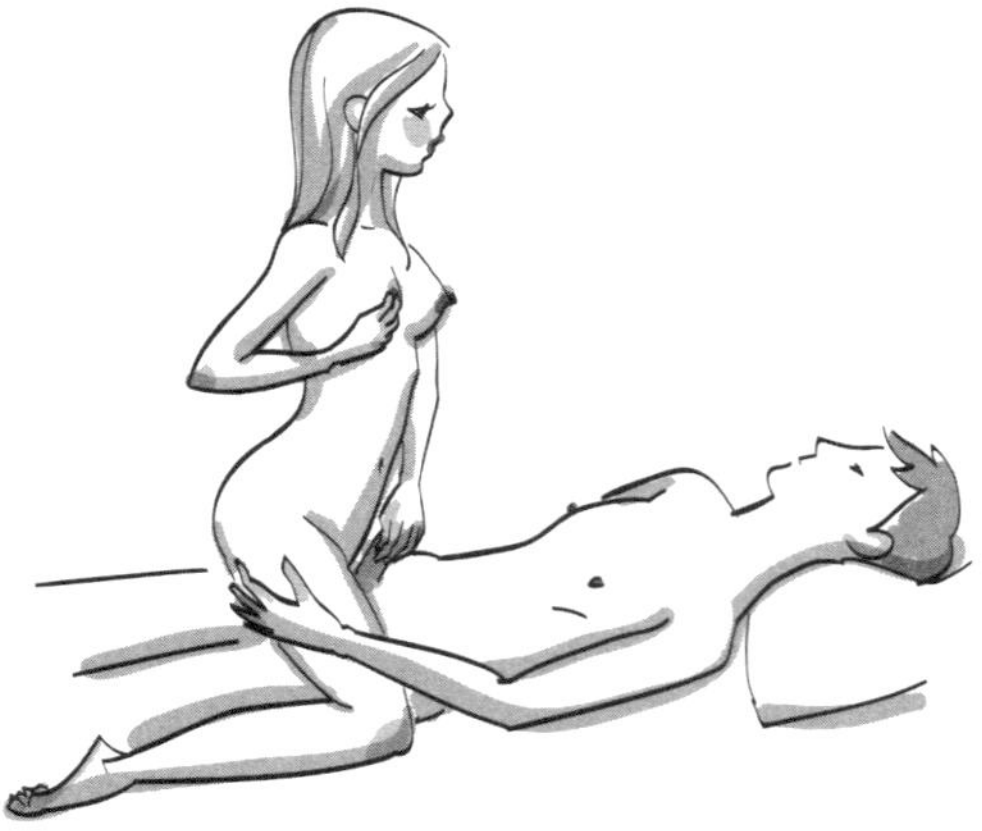

疑似セックスを楽しむ

騎乗位のように男性の腰に跨って、ペニスを手で愛撫しつつ、クイクイと腰を前後に振って疑似セックスを楽しんでください。男性にスクリュー愛撫をしながら、手の甲を女性器に押し付けて快感を共有しましょう。

イラスト図解 10 素股＋ペニス愛撫のテクニック

素股＋ペニス愛撫のテクニック（完全素股）

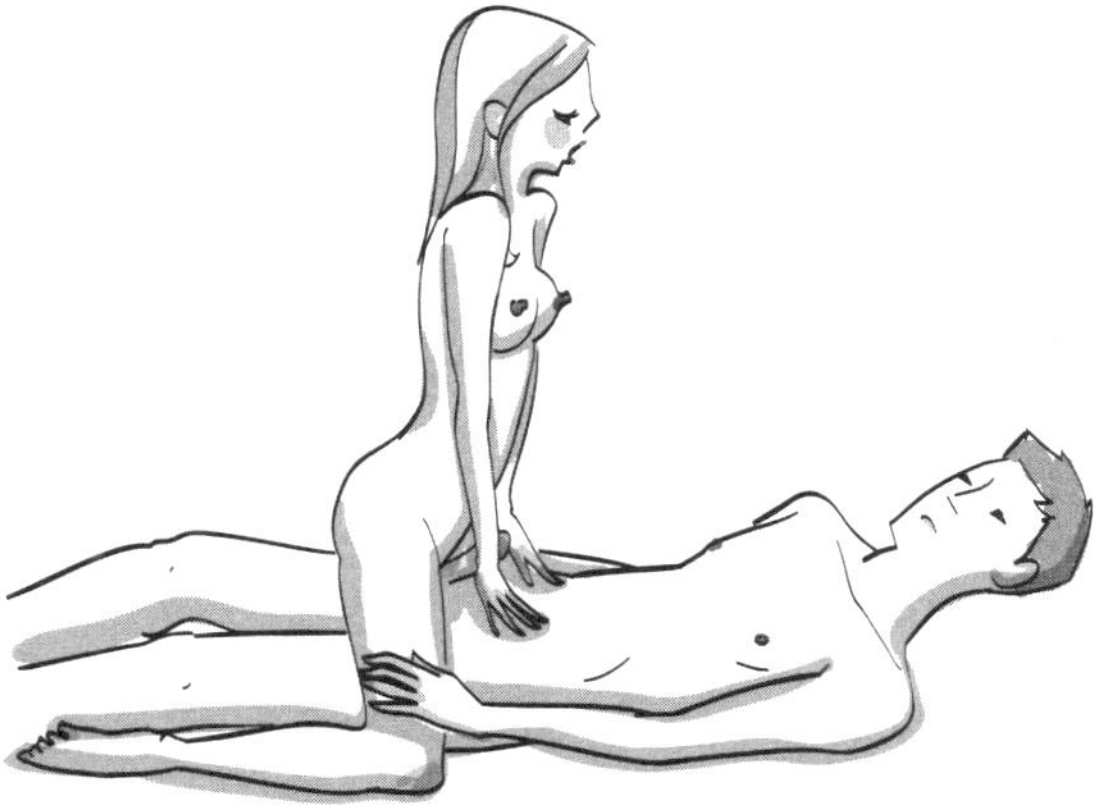

交接しているのと同じ気持ちで

ペニスを女性器に押し当てて、前後に擦るようにして愛撫します。腰を動かしながら、実際の騎乗位と同じつもりであえいでください。彼もあなたも「脳で感じる」のですから。

イラスト図解 11

騎乗位を演出するテクニック

女性であるあなたがセックスをリードする上で、騎乗位ほど適した体位はありません。思いのままに腰を振り、くねらせ、上下させて、エッチな自分を解放しましょう。

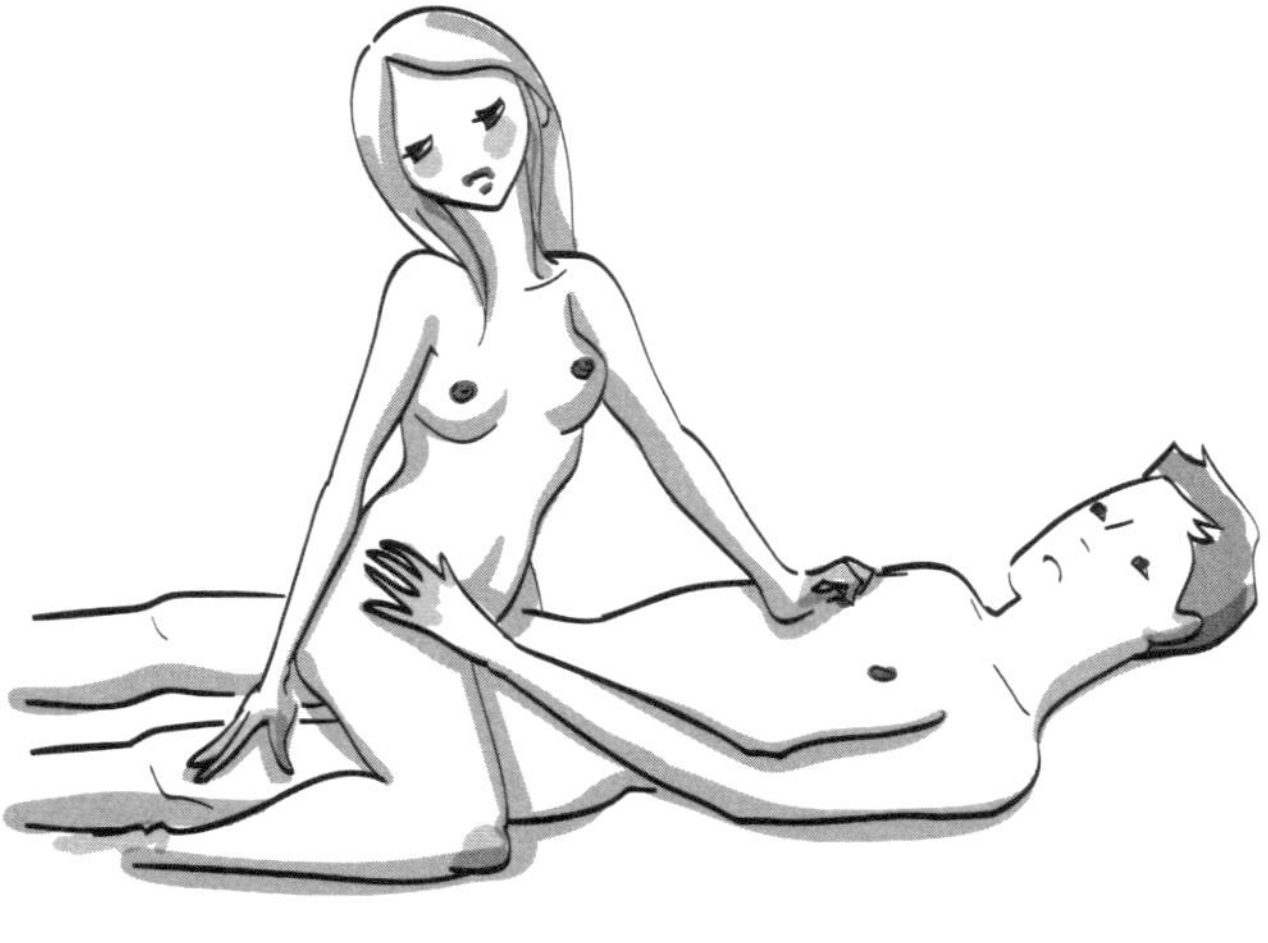

上手にリードする3つのポイント

☑ 積極的に腰を振る

彼を責める気持ちで、積極的に腰を振りましょう。不慣れな方は、ダンサーのセクシーな腰の動きや、抵抗がなければセックスのプロである AV 女優さんの腰使いを参考にしてもいいと思います。

☑ ひとつ愛撫を加えるだけで世界が変わる

たとえば騎乗位で腰を振りながら、男性の乳首を責めてあげる。たったひとつの愛撫が加わるだけで、男性まかせのセックスとは一線を画す、相互官能の世界が広がっていくのです。

☑ あなたの官能美を見せつけよう

騎乗位は女性の官能美を男性に見せつけるのに最も適した体位です。快感に歪む顔、官能に震えるカラダ、快感を貪る卑《ひ》猥《わい》な腰使い……。彼の目が釘付けになるくらい、ちょっと大袈裟に表現してあげましょう。

騎乗位＋擦りテクニック

乳首責めひとつでセックスが変わる

腰を動かし続けながら、男性の乳首を指先でカリカリ。これだけで受け身のセックスから責めのセックスに転じます。上半身を屈《かが》めるようにして乳首を舐めてあげるのも男性には嬉しいサプライズです。

イラスト図解 11　騎乗位を演出するテクニック

騎乗位＋乳首愛撫

セルフ愛撫でエッチな自分を演出

「ああん、腰が勝手に動いちゃう」——。そんな激しい腰使いの中、さらに自分の胸を揉みしだくように愛撫します。責めているのか責められているのかわからないような感覚を男性に味あわせてあげましょう。

POINT 3

- 「複合愛撫」はスローセックスの常識。
- 受け身の楽しさを男性に教えてあげましょう。
- 責める喜びを知ることでセックスが変わります。
- あなたの官能美を男性に見せつけましょう。

第4章

彼に教える
スローセックス・レッスン

17

アダムタッチで教える「やさしい刺激も気持ちいい」

あなたが本当の快感を手に入れるために、彼や夫に確実にマスターしてもらわなければならないのがアダムタッチです。

そのためには、まずはあなたが優秀なセックスの先生にならなければなりません。

これまで何度も述べてきたように、セックスとは性的な気である性エネルギーの交流です。このスローセックスの根幹をなすメソッドは、基本であり同時に奥義です。

しかし、男性にいきなり気の話を持ち出しても、なかなかうまくいきません。何事にも順序があります。まずは基礎の基礎から。

あなたが最初に彼に教えてあげるのは、「弱くて、やさしい刺激も気持ちいい」という、大人の女性なら誰もが知っている当たり前のことです。

しかし、この当たり前のことを一般男性は知りません。いえ、知識としては知っているのかもしれませんが、実践ではまるでできないのです。

「強い刺激ほど快感も大きい」という間違った性知識、「男は強くあるべき」といった男らしさの誤解、そしてAVの猛毒……。さまざまな障害と雑音が堅牢な城壁のように、世の男性からスローセックスを遠ざけています。

通常、アダムタッチは背中から始めます。

しかし女性がうつ伏せの体勢では、タッチ圧の強弱はわかっても、生徒である男性の「手の形」やスピード加減に目が行き届きません。なので女性が仰向けになり、腹部や胸にしてもらって、正しくできているか確認しながら教えてあげましょう。

リードの際にもっとも大切なのは「褒めてあげる」こと。女性が思っている以上に男性はデリケートです。「ダメ」「下手」「気持ちよくない」なんて言葉は禁句です。

男性が萎《な》えてしまったら、せっかくのプロジェクトが台なしです。

18

クンニの準備はお手本を見せてあげて

クリトリスを愛撫するときの注意点の1つが「皮を剥《む》く」ことです。

女性でも知らない人が多いのですが、オーガズムのスイッチであるクリトリスを的確に正しく刺激するためには、絶対に忘れてはならない愛撫前の準備です。

クリトリスはずば抜けて高感度な性感帯です。それゆえに成熟した女性であれば、たとえテクニックゼロの男性の適当で粗雑な愛撫であってもそれなりに感じてしまいます。これが大きな落とし穴。

もっとも小さく、もっともデリケートな性感帯が、自分勝手な男性の稚拙なテクニックで最高のオーガズムに導かれることは間違ってもありません。

小さな小さな性感帯の、その頂点にあるさらに小さなポイントに、「やわらかなタッチ圧」と「高速な舌の動き」という2つの条件を満たした刺激を一定時間送り続けることで女性は初めて、男性には決して到達し得ない宇宙規模の快感に導かれるのです。

ピンポイントの刺激を可能にするのが前述した皮剝きです。

正しいクリトリスの愛撫法を知らない男性のために、女性であるあなたが、男性の目の前でお手本を見せてあげてください。

仰向けになって、脚を開きます。両手の中指をクリトリスを左右から挟《はさ》むようにピタッと添えて、そのまま上に引き上げれば包皮《ほうひ》がめくれてクリトリスが完全に顔を出します。

恥ずかしいかもしれません。でも、ためらわないでください。あなたが女神になるには、避けては通れない道なのですから。

イラスト図解 12

クンニをリードするテクニック

クンニは前戯の集大成とも言える、とても重要なテクニックです。しかし「挿入前のお約束」程度に考えている男性は少なくありません。正しい認識と技術を、あなたが彼に教えてあげましょう。

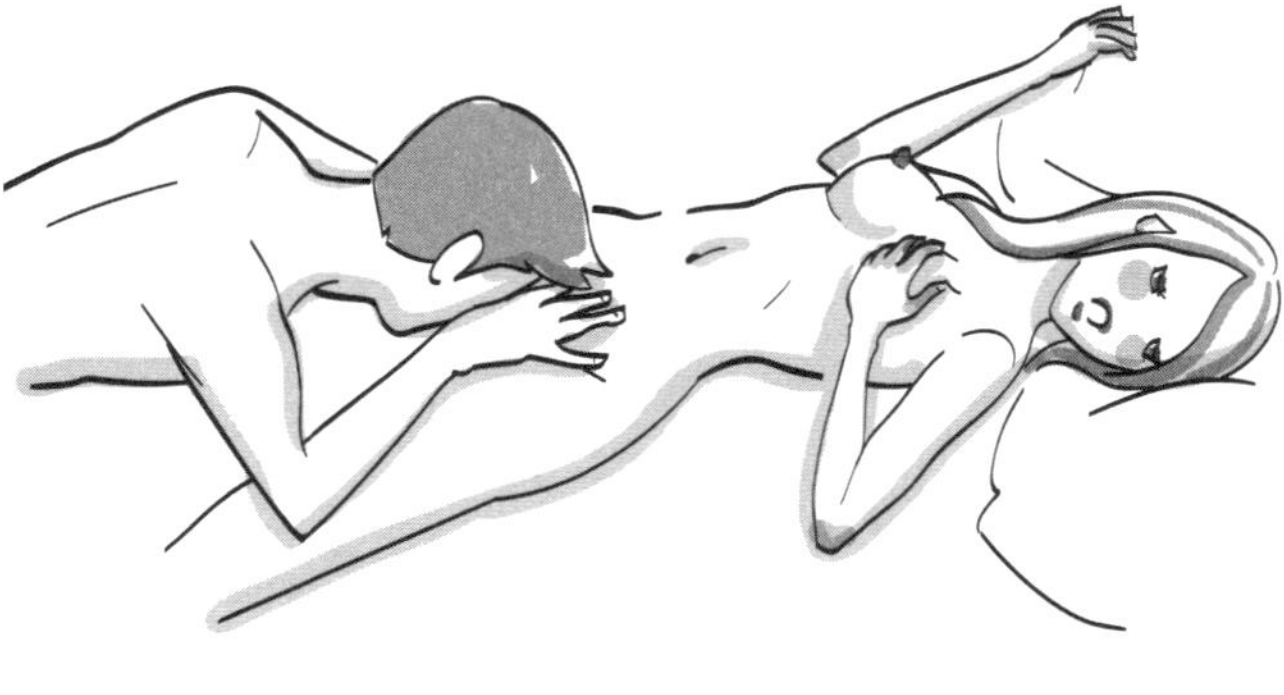

上手にリードする3つのポイント

☑最低でも20分以上クンニしてもらう

マスターベーションなら数分でイケる女性であっても、クンニだと20分はかかります。その分、男性の舌から放出される性エネルギーをたっぷりと充填することができて、起爆装置（クリトリス）が作動するのです。

☑クンニは前戯のフィナーレ

男性には、「一旦クンニを始めたら、イカせるまでやめてはいけない」と教えています。クンニで完全にイクことが、挿入での核爆発レベルのオーガズムに繋がるからです。その認識を女性も持ちましょう。

☑おねだりする感じで指示出し

クンニの最中、どうされると気持ちいいのか、男性に指示を出すのがあなたの役割です。「クリトリスの先端をピンポイントで愛撫する」「舌先を高速で動かす」といった基本を、おねだりする感じで伝えましょう。

クリトリスの皮の剥《む》き方

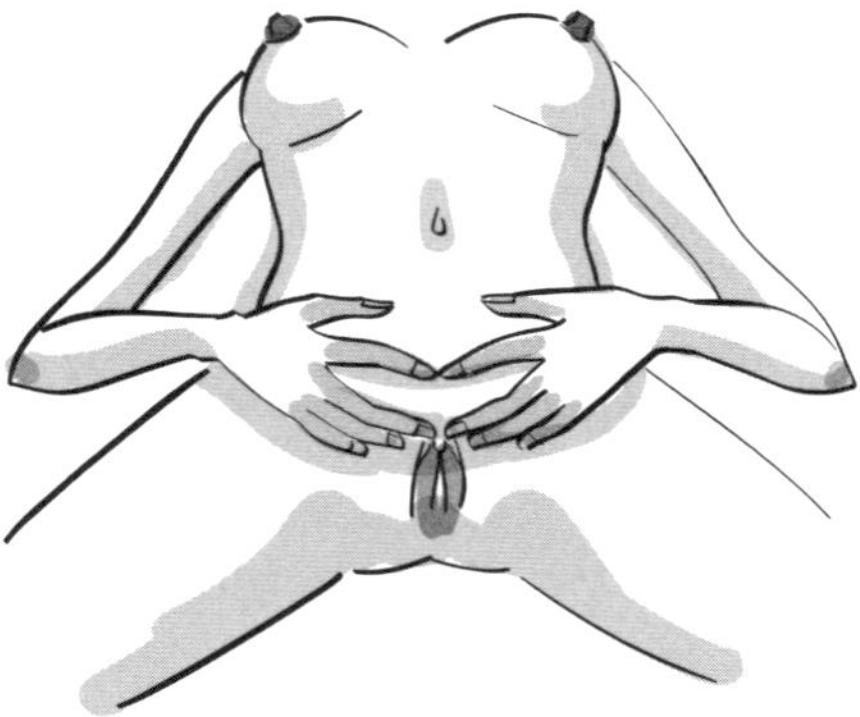

彼にお手本を見せてあげる

本来なら男性の役割であるクリトリスの皮剥きですが、まずはあなたがお手本を見せてあげましょう。いやらしい女性を演じるつもりで色っぽく。

イラスト図解 12 クンニをリードするテクニック

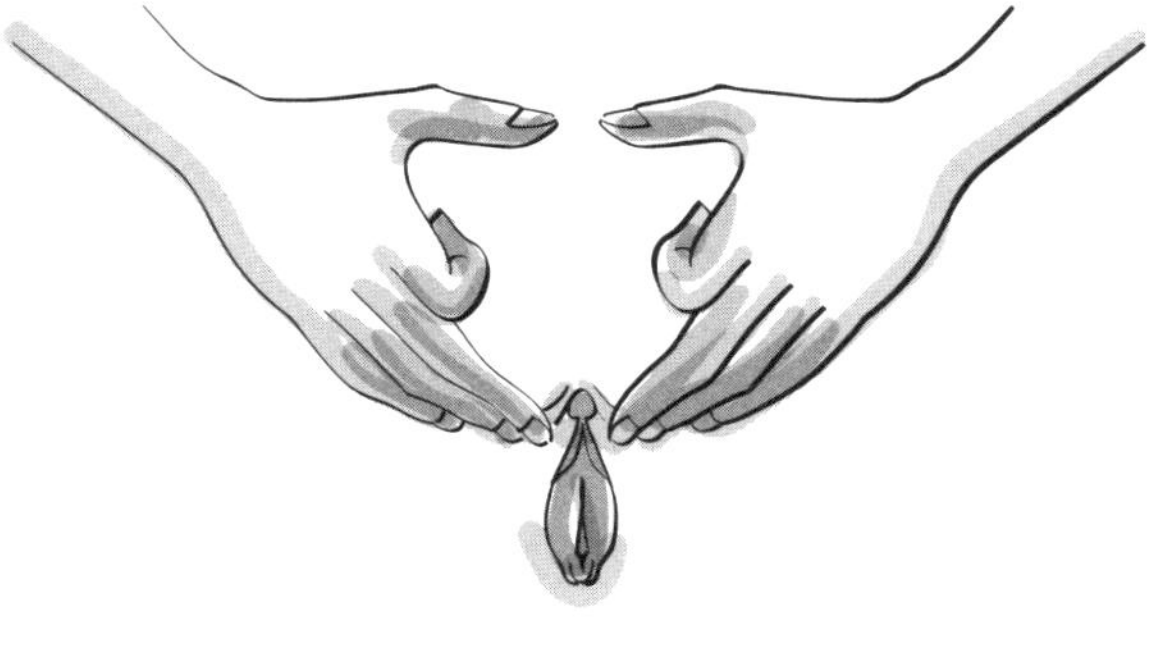

クリトリスを完全に露出させる

慣れてくると片手でもできますが、最初は両手を使います。クリトリスの両サイドに、左右の中指をピタッと当てて、数センチ上に引き上げます。露出させた後も、その手の形をキープしましょう。

19

彼と一緒に探すGスポットの位置

Gスポットは膣内に存在する極めて優秀な性感帯のひとつです。AVの演出として「潮吹き」が登場したのをきっかけに飛躍的に知名度が増しました。時を同じくして女性の被害者が急増しました。良くも悪くも男性は好奇心の塊です。

「一度でいいから俺も潮を吹かせてみたい」

モザイク越しに見るAV男優のモノマネの指使いが、一般女性のデリケートな膣内で正解を探り当てることなど奇跡的な確率でしか起きません。

そもそもAV女優のようにドバーッと潮を吹く女性など滅多にいません。

真実は別のところにあります。潮吹きという見た目が派手な現象（といってもほとんどはＡＶのパフォーマンスに過ぎませんが）に邪魔されて見えていないだけです。

私はスローセックスを研究する過程でＧスポットを超える膣内性感帯を発見しました。自分の名前をとって「アダムＧスポット」と命名したこのポイントは、従来のＧスポットの少し奥にあります。

愛撫テクニックは後述しますが、ここで知って欲しいのは、男性の指でしか届かない場所に、想像を絶する快感ポイントがあるということです。

ほとんどの女性にとってその場所は、本人も知らない未踏《みとう》の地なのです。大まかな位置はわかりますが、人それぞれ微妙に違います。

そうです。男性と一緒に探すしかないのです。

あなたは男性の指で触れられた感覚を頼りに、「もう少し上かも？」「あ、そこかも。ちょっと強く押してみて」とナビゲーションしてあげましょう。

愛する男性とエッチな探検を楽しんでください。

イラスト図解 13

Gスポット愛撫をリードするテクニック

有名なＧスポットですが、正確な場所や正しい愛撫法を知っている一般男性は、「ほぼゼロ」です。ＡＶ仕込みの間違いだらけの自己流をリセットしてもらい、アダム流で気持ちよくなりましょう。

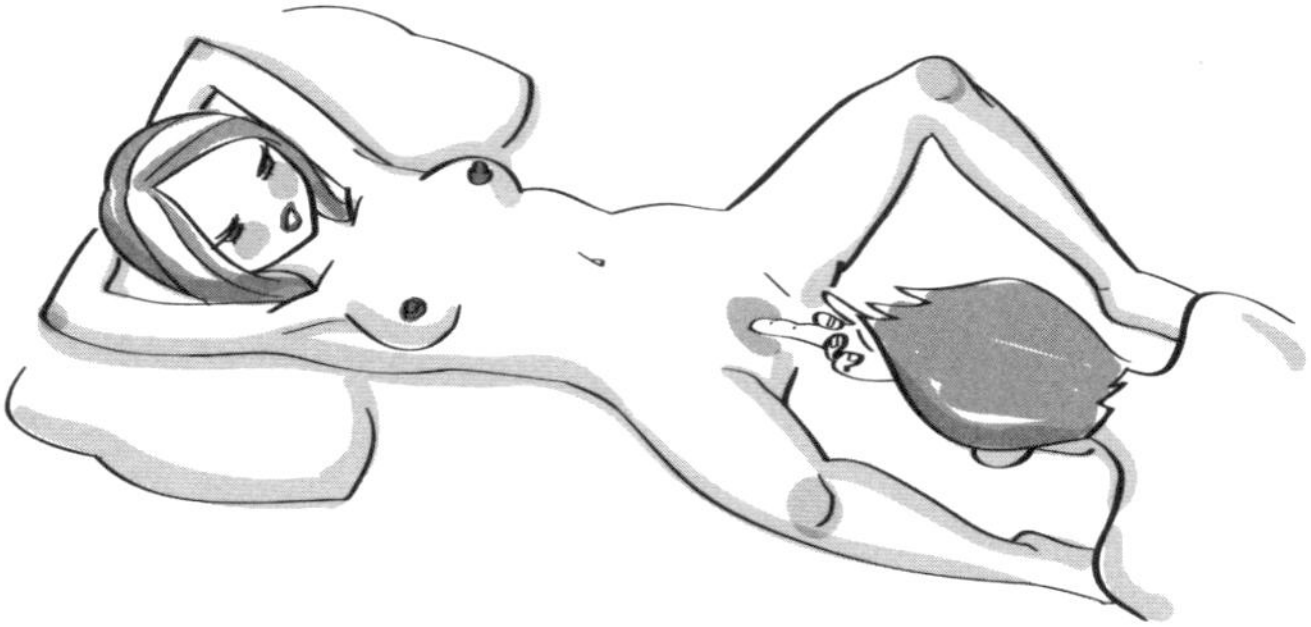

上手にリードする3つのポイント

☑男性と協力してGスポットを探す

Gスポット未経験の場合、女性本人も正確な場所はわからないのが普通です。彼に正しい愛撫の方法を教えてあげて、2人で宝探しをしましょう。一度も触れられたことのない場所に、衝撃のスポットがあります。

☑焦らずゆっくりナビゲート

男性の愛撫の仕方が正しければ、指の第2関節を折り曲げて最初に触れた部分の近くに、必ずGスポットはあります。焦らずゆっくりと、「少し奥かも？」「もう少し浅めかも」とナビゲートしてあげましょう。

☑痛みを感じたらすぐにやめる

女性の膣はとてもデリケートな場所なので、男性が乱暴にしていなくても、途中で痛みを感じることもあります。そんなときは、「ごめん、痛くなっちゃった」とやんわり伝えて、すぐに中止しましょう。

正しい男性のポジション

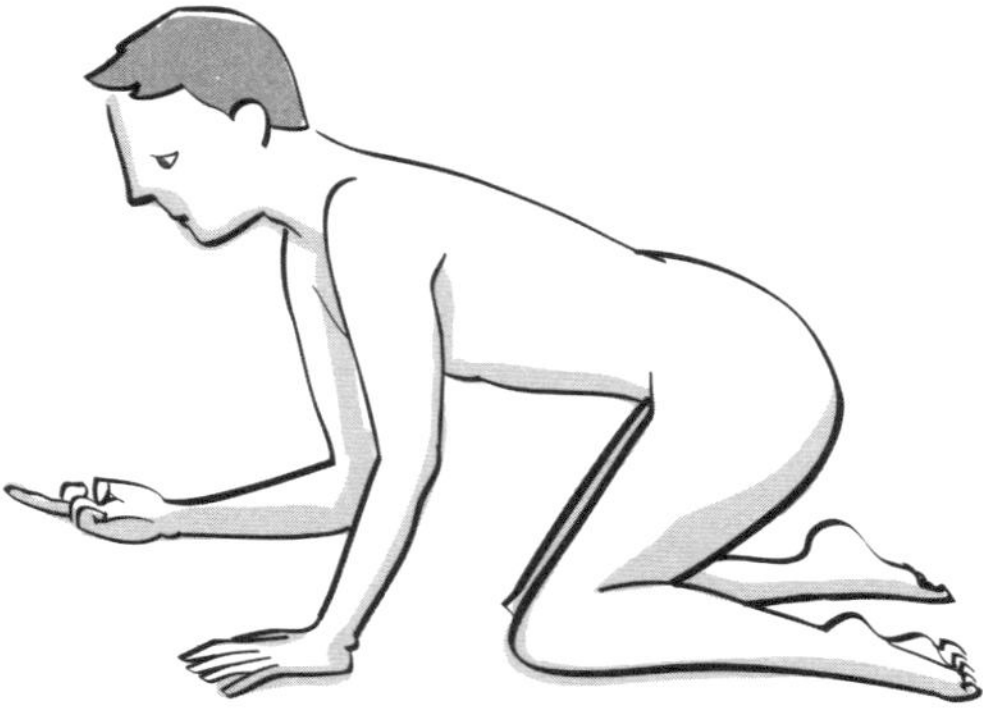

男性は女性器の真正面に正座

女性は仰向けに寝て、足をＭ字に開きます。男性は女性器の正面に正座します。この姿勢以外では、Ｇスポットを正しく愛撫することはできません。

イラスト図解 13 Gスポット愛撫をリードするテクニック

指の入れ方

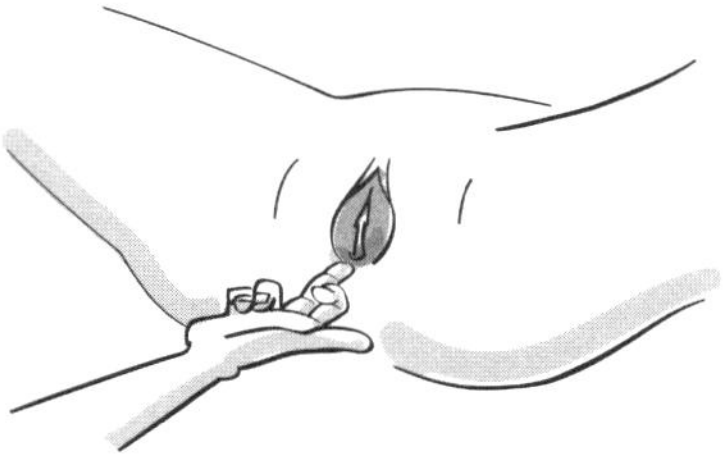

膣に平行に、ゆっくりと入れる

手のひらを上に向けて、人差し指と中指を、膣に平行に入れていきます。膣口の左右を交互にやさしく広げながら、1センチずつ、本当にゆっくりと。

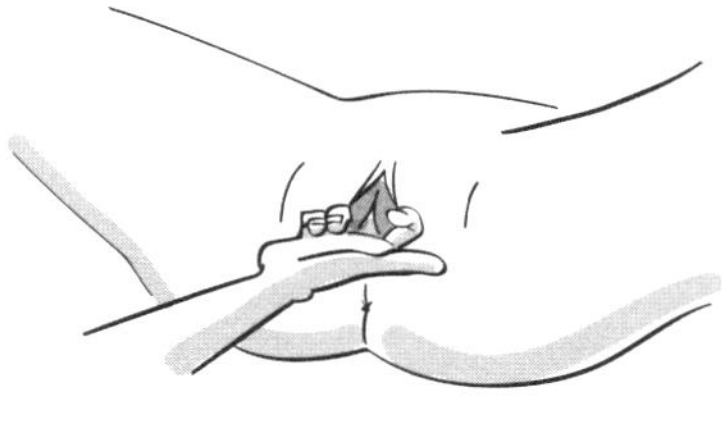

揃えた指を根元まで挿入する

慎重にゆっくりと指を進めて、根元まで完全に入れます。途中で痛みや怖さを感じたら、「もう少し、ゆっくりがいいな」など、ちゃんと言葉で伝えましょう。これでGスポット愛撫の準備が整いました。

Gスポット愛撫の仕方

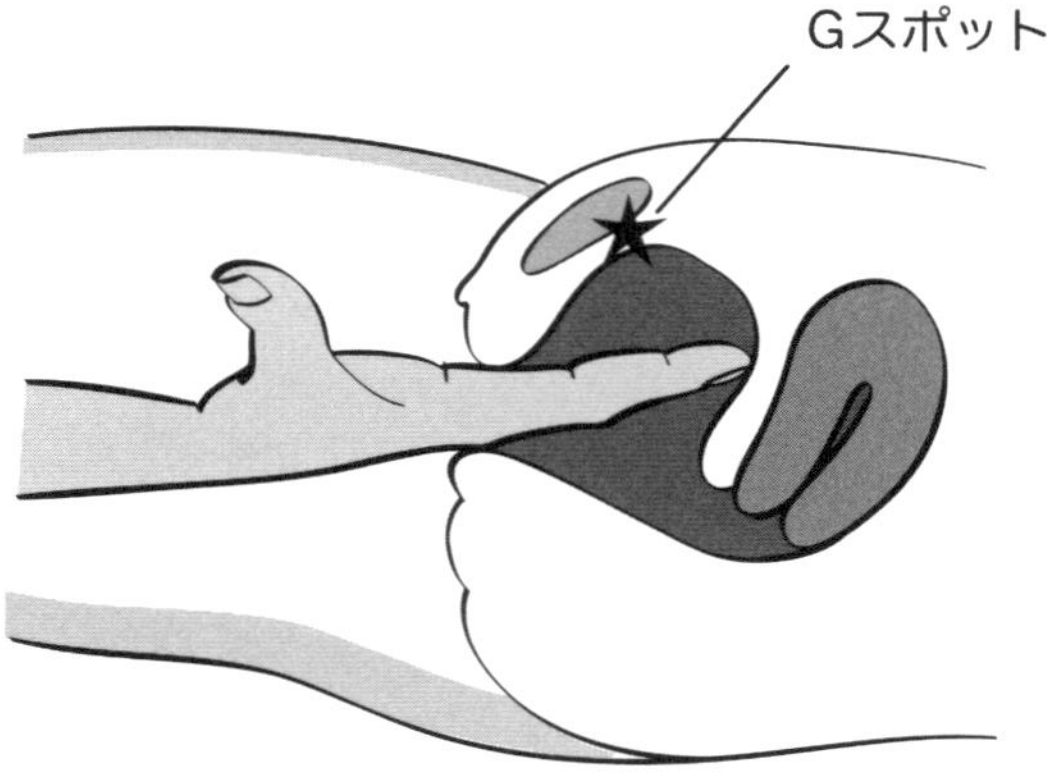

Gスポットの位置

指が根元まで入ったら､第２関節を直角に折り曲げて、恥骨に指腹を押し当てます。そこがＧスポットです。正しい場所に当たれば、すぐにわかります。

イラスト図解 13　Gスポット愛撫をリードするテクニック

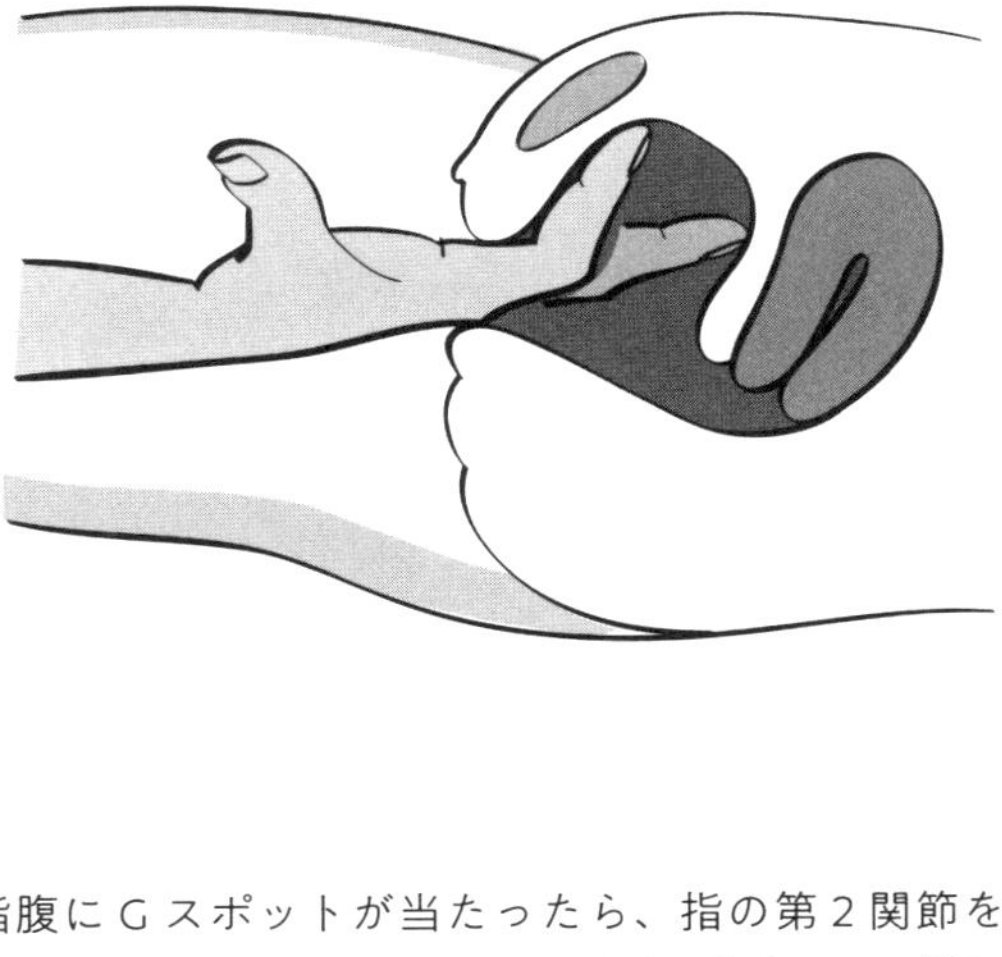

指腹にＧスポットが当たったら、指の第２関節を支点にして、指先を３～４センチ感覚で振幅させ、「押す」と「離す」を繰り返します。痛みの原因になる、「擦る」や「掻き出す」は絶対に禁止。

20

究極の性感帯、Tスポット愛撫の体勢

個人差もあり、女性の感じ方はさまざまなので容易に比較することはできませんが、Gスポットよりも鮮烈な快感をもたらしてくれる、究極とも言える膣内性感帯が「Tスポット」です。

実際に体験した女性たちの多くが、「理性が吹っ飛ぶ」と言います。

セックススクールを運営していた頃の話です。Tスポットの講習中にモデルさんが、「先生、もう限界です。入れてください!」と、仕事を忘れて暴走したことがありました。

もちろん挿入は禁止なのでなんとかなだめましたが、そのときの彼女に理性はありませんでした。

ぜひ、体験してください。これまでのセックスとは次元の違う未知の快感があることを知って欲しいのです。半信半疑では、あなたの体の中に眠ったままでいる女神の領域を解放することはできません。それには実際に味わってもらうしかないのです。

Tスポットの愛撫法ですが、男性側のテクニック的な難易度はさほど高くありません。ここでは簡単に説明しますが、一番のポイントになるのは、愛撫に最適な姿勢に至るまでの女性の下半身の動作です。

1　仰向けの女性に指を挿入した状態で、男性は女性の左の太ももを抱えるようにして、反時計回りに体を90度回転させて横向きにする。

2　女性の左足を直角に折り曲げてベッドに下ろす。

3　左足首をやさしく握って固定し、その体勢をキープする。

以上の動作を男性に伝えながら、あなたも積極的に協力してあげてください。

イラスト図解 14

Tスポット愛撫をリードするテクニック

Gスポットを凌ぐ快感を与えてくれるのがTスポット。指をまっすぐに伸ばしたままでOKなので、コツさえつかめば、初級カップルでも絶叫もののオーガズムを簡単に体験できる魔法のような愛撫の方法です。

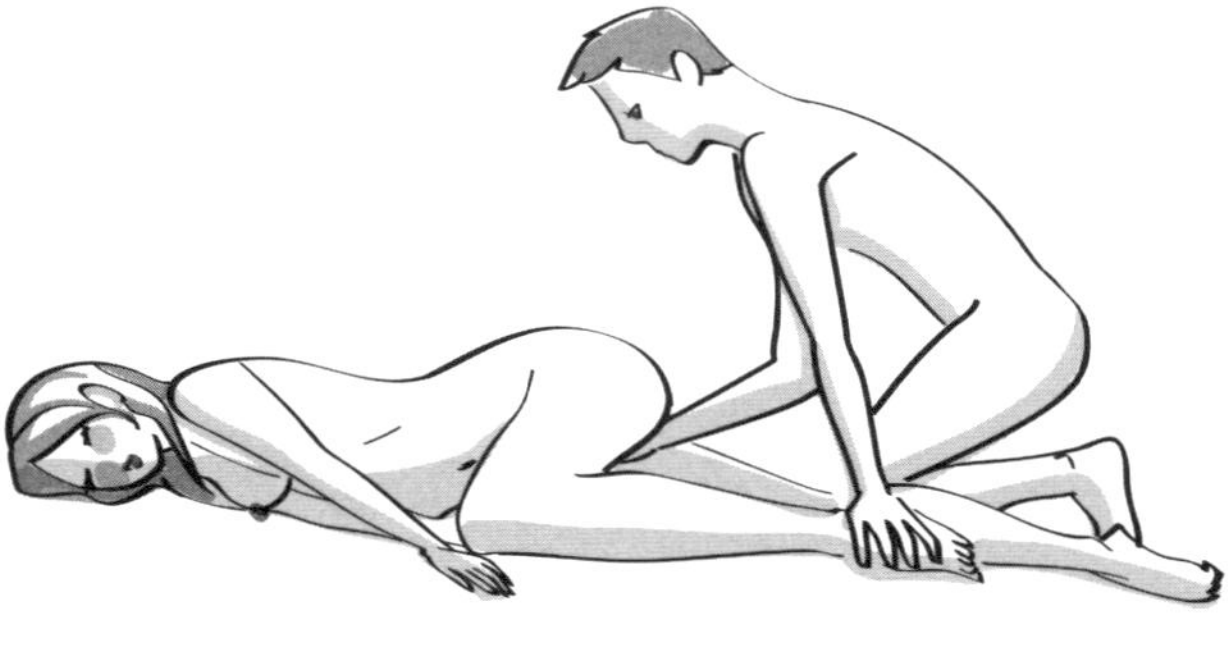

上手にリードする3つのポイント

☑ 簡単なのに気持ちいい

正しいポジションへの移行がやや複雑に思えるかもしれませんが、テクニック自体は比較的簡単です。Gスポット愛撫を難易度10とするなら、Tスポットは5といったところでしょうか。

☑ 理性が吹き飛ぶ予測不能な快感

初級者でもすぐにマスターできる比較的簡単なテクニックにも関わらず、女性に与える快感の大きさはGスポットの比ではありません。理性を吹き飛ばしてしまう、予測不能な快感をぜひ体験してみてください。

☑ DVDの活用がおすすめです

仰向けから、横に向いて足を折り曲げる姿勢までの移行をイラストで解説していますが、やはりDVDを観てもらうのが一番です。『アダム徳永のスローセックス 最高のエクスタシー術』（日本文芸社刊）がオススメです。

Tスポットの位置

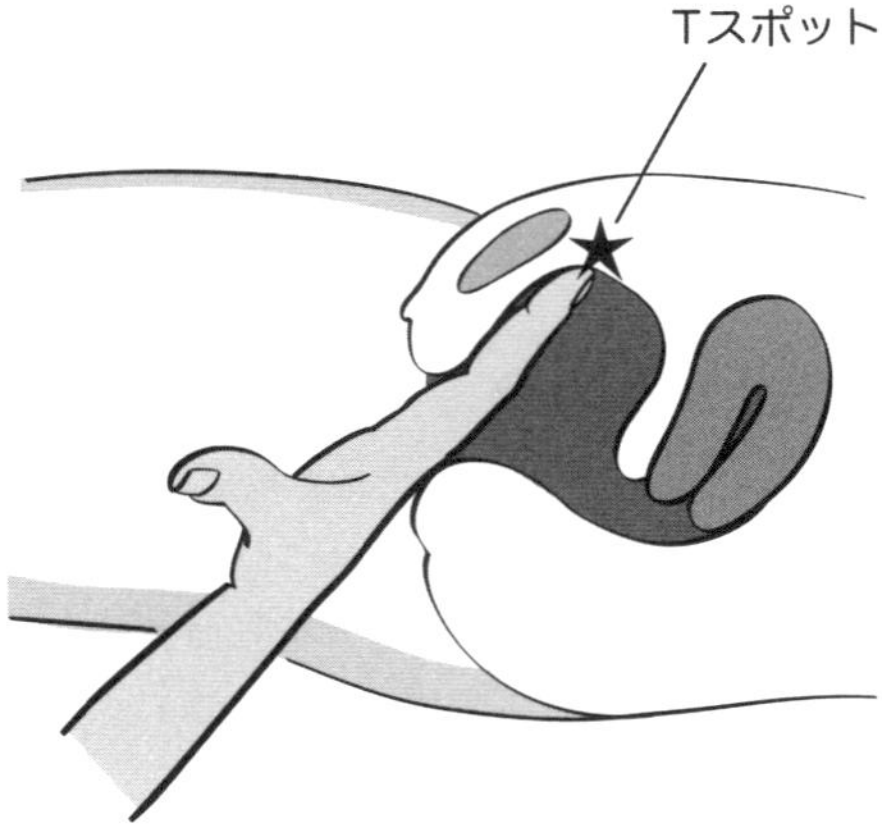

膣の最深部が絶叫スポット

まっすぐに伸ばした指をGスポットの位置に当て、指を伸ばしたまま恥骨に対して平行に膣の最深部まで挿入します。そのとき指先が当たっているのがTスポットです。

イラスト図解 14 Tスポット愛撫をリードするテクニック

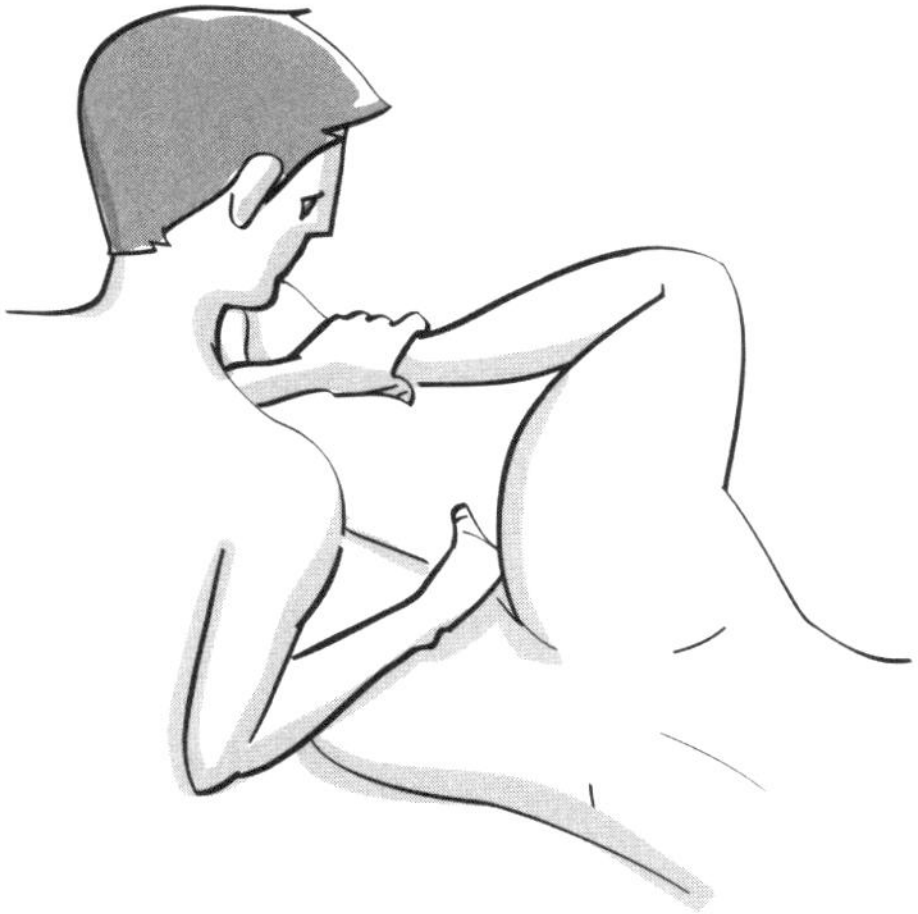

体勢の取り方

横向きになった女性の片足を直角に曲げて、突き出したお尻の後ろに男性がポジションをとります。

ポジションの取り方

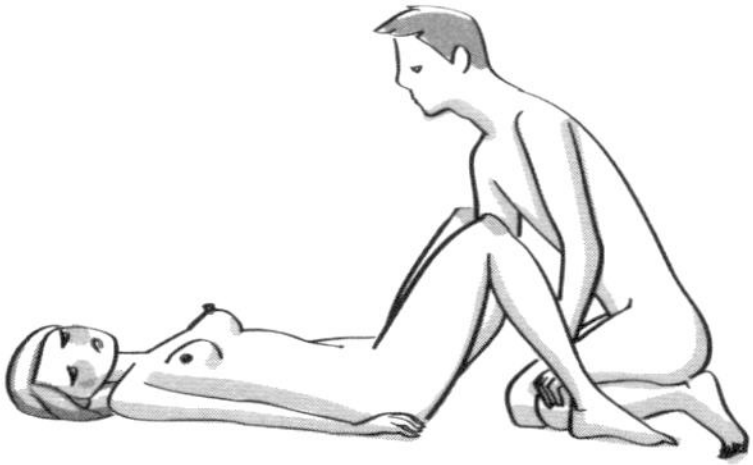

①両足を立てる

Gスポット愛撫の場合と同じ姿勢で、まっすぐに伸ばした中指を根元までしっかり挿入します。

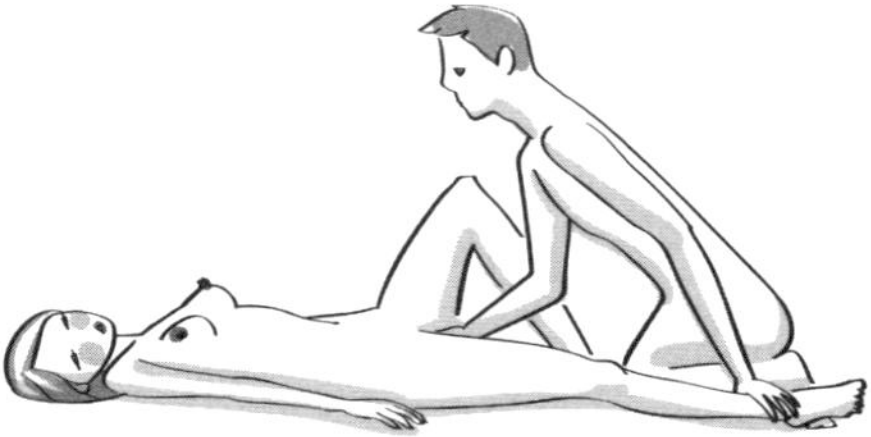

②右足をまっすぐに伸ばす

女性の右足を伸ばし、男性は根元まで挿入した指の腹を恥骨に密着させた状態で、指先が最深部に到達するまで進ませます。

イラスト図解14　Tスポット愛撫をリードするテクニック

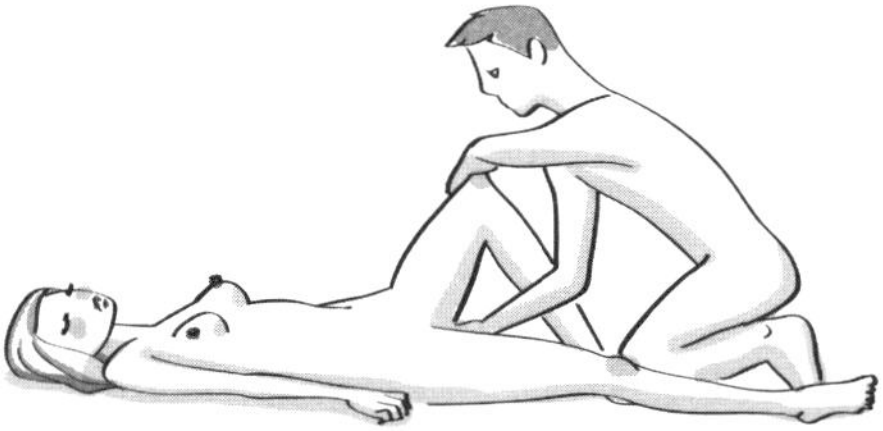

③右回りに体を回転させる

女性の左太ももを、男性の左手で抱えるようにして、女性の体を反時計まわりに 90 度回転させます。

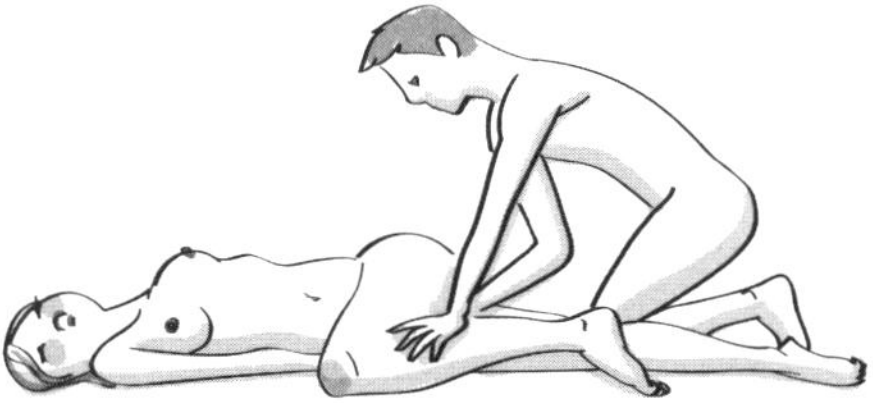

④そのまま横向きになる

女性の体が横向きになったら、女性の左足を直角に折り曲げてベッドに下ろし、その足首を男性が握ってベッドに固定する。これで完成です。

21

マスターベーションはうつ伏せスタイルで

男性は、感じやすい女性に夢中になる生き物です。

もしも今、あなたに特定のパートナーがいないとしたら、女磨きのチャンスです。

いざ目の前に白馬の王子様が現れたときに素敵なレディでお迎えできるように、日頃のマスターベーションで感じやすいカラダ作りに取り組みましょう。


セックスしても気持ちよくない、濡れにくい、イキにくい……。

「もしかして、私って感度が悪いの？」

こんな悩みを抱える女性は少なくありません。

しかし、たとえ今までセックスで一度もイッたことがないとしても、マスターベーションで気持ちよくなれるのであれば、あなたの体はまったくの正常です。実際、不感症に悩む女性をカウンセリングしてみると、原因の95％以上は、セックスが下手な男性側にありました。これが真実です。

ネガティブな思考をリセットして、私が自信を持ってオススメする「スローマスターベーション」で、夜の女磨きを始めてください。

ゆったりと楽しむためには準備も大切です。

●部屋の明かりを暗めにする。

●ＢＧＭはジャズがベスト（低い音量で）。

●ケータイの電源をオフにして邪魔されないようにする。

●実際のセックス同様に全裸で行なう（エアコンで快適な室温に保つ）。

準備が整ったら、最初はベッドに仰向けになって愛撫を始めます。

ポイントは、彼（または仮想の恋人）に本当に愛撫されているつもりで行なうこと。抱きまくらをギュッと抱きしめて行なうとイメージしやすいと思います。

最近は、ローターやいわゆる電マなどの器具を使用する女性も少なくありませんが、必ず自分の指を使いましょう。確かにローターは、人間の指ではマネできない高振動を発生させるかもしれません。

しかし所詮《しょせん》は物理的で、質の低い刺激なのです。手っ取り早くイケてスッキリできたとしても、逆に感度を鈍らせてしまう恐れがあります。

一方で人間の指先からは、常に気が発せられています。気の波動は目には見えませんが、機械など及びもつかない質の高い刺激なのです。中でも中指は特に強い気を発することで知られています。

利き手とは反対の指でクリトリスの皮を剥き、中指をクリトリスの先端に当て、触れるか触れないかのタッチ圧でスライドするように刺激しましょう。

騎乗位が好きな女性なら、自ら腰を動かすことの楽しさを知っていることでしょう。実は、腰（腰椎《ようつい》の2番、3番）は性エネルギーの発電所とも言える場所で、腰を動かすことによって性エネルギーがどんどん造成されていきます。

そこでオススメなのが、うつ伏せスタイルでのマスターベーション。

手の甲をベッドに固定して、中指を立て、中指の先端がクリトリスに当たるようにしてベッドにうつ伏せの体勢になり、指ではなく腰だけをクイクイとリズミカルに動かしてクリトリスを愛撫します。

スローマスターベーションの鉄則は、「イクことにこだわらず、時間をかけて淡い快感を全身で味わい尽くす」です。

最低でも30分はイクのを我慢して、できれば1時間以上を目安に、ゆったりと感じてください。

22

あえぎ声で感じやすいカラダになる

マスターベーションを行なう時に、ぜひ実践して欲しいことがあります。

それは息を吐く時に、意識的にあえぎ声を出すということです。

少し顎《あご》を上げ、鼻から息を吸って口から吐く時、「アーーン」と声を出してください。最初は「ハーハー」という吐息からスタートしてもいいでしょう。その吐息に、少しずつ、「あ」という声を乗せていきます。

「ハー、ハー、あーー、あ……、アンーーアン、アーン」

こんな感じでしょうか。

もっとも大切なのはイマジネーションです。軽く目を閉じて、大好きな男性に愛されている自分を想像しましょう。

「かわいいね」「きれいだね」「いやらしいね」……。

彼にそんな言葉をささやかれながら可愛がってもらっている自分をイメージして、クリトリスだけでなく、自分の体に隠された性感帯を探すつもりで、いろいろな場所にタッチしていきます。

このように、気持ちいいセックスをしているのと同じ状態を再現することで、あなたの性感脳はどんどん活性化され、感じやすいカラダに近づいていきます。

女性の性感が目覚めない理由の多くは、心と肉体の乖離《かいり》にあります。この呼吸法で感じている状態を性感脳が「疑似体験」することにより、寸断されていた心と体の回路が接続されていくのです。

イラスト図解 15

マスターベーションのテクニック

日頃のマスターベーションも工夫次第で、「感じやすいカラダ作り」＆「セックスの予行演習」に活用できます。イッてスッキリするだけでは、もったいないですよ。

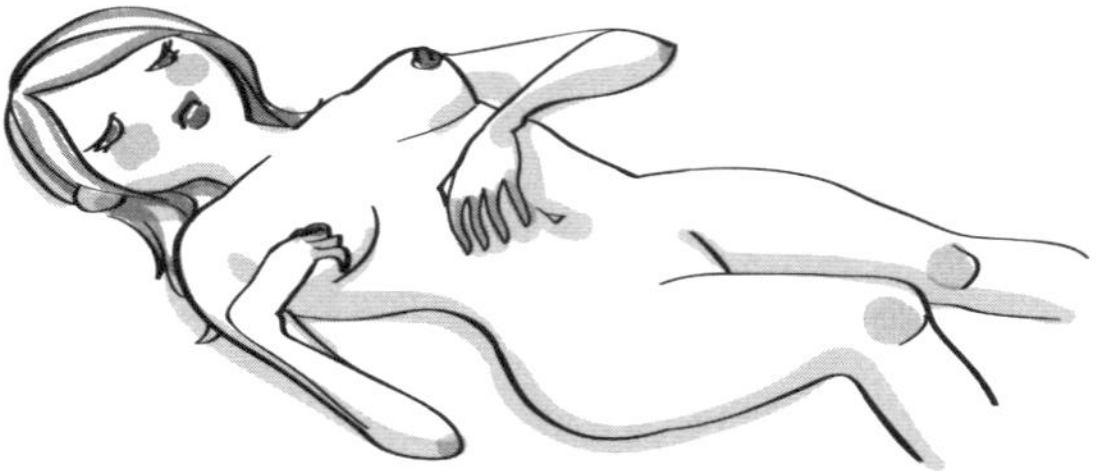

上手にリードする3つのポイント

☑イクことへの執着心を捨てる

先にあなたは、「セックスは性エネルギーの交流である」という新常識を学びました。新しい知識を自身のカラダで体験してください。そうです。感じる時間が長いほど気持ちよくなれるということを。

☑「感じる」を楽しむことの大切さを知る

子宮に十分な性エネルギーが溜まっていないと、本当のオーガズムを得ることはできません。目安は30分。すごく長く感じるかもしれませんが、「感じる」を楽しむその時間が、イキやすいカラダに変えてくれます。

☑うつ伏せスタイルで騎乗位上手に

「騎乗位は苦手」という女性は少なくありません。しかし、セックスを男性まかせにしないためにも、苦手意識は克服すべきです。「うつ伏せスタイル」で、リズミカルな腰使いをマスターしましょう。

腰掛けポジション

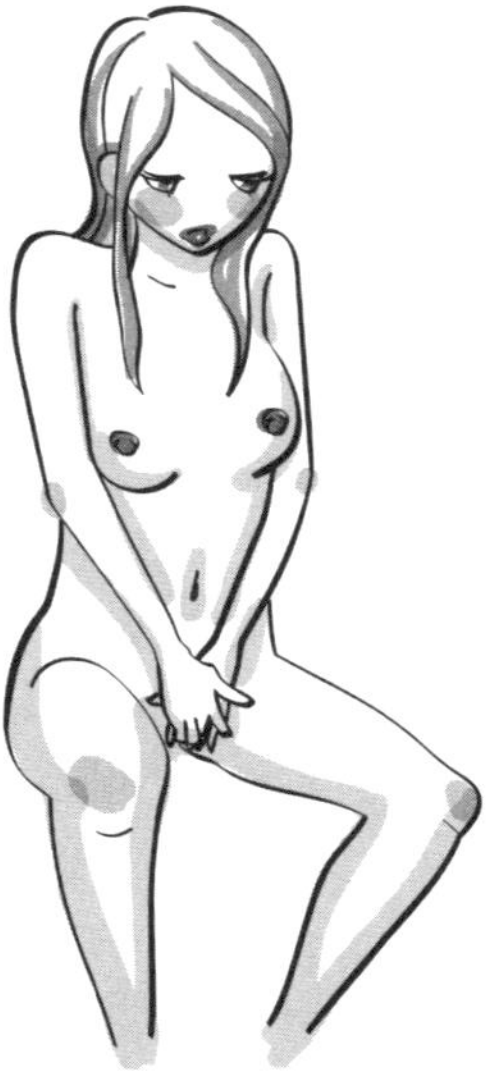

背筋ピーンで快感倍増

背筋を伸ばした姿勢は、脳に性エネルギーが送られやすく、快感も倍増します。中指の指先で、クリトリスの先端を下から上に２～３センチの幅でなであげるように刺激しましょう。

イラスト図解 15 マスターベーションのテクニック

うつ伏せスタイル

腰を振ってあえいじゃおう

大好きな彼に跨《またが》って騎乗位で腰を振っているようなイメージで。指は動かさず、腰だけを使って気持ちよくなるのがポイントです。

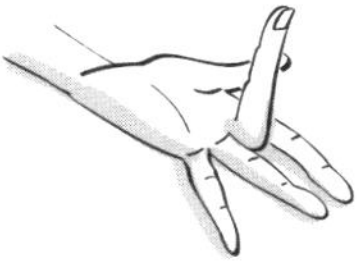

うつ伏せスタイルの手の形

手の甲をベッドに固定して、中指を垂直に立てます。中指の先にクリトリスの先端がピンポイントで当たるように調整してください。

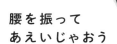

23

カラダの宝探しはもっと時間をかけて

ある統計によれば、日本人女性の5割以上がマスターベーションをしていないといいます。また、マスターベーションをしていたとしても、クリトリスを数分ほど刺激して、パッとイッて終わりという場合がほとんどのようです。

経験さえない女性よりはましかもしれませんが、イッてスッキリするだけが目的の「クイックオナニー」では、自分のカラダを知ることは無理な話です。

「つまらないセックス」の原因の1つは、「男性が攻めで女性が受け身」という日本人の伝統的なセックススタイルです。

車の運転で言えば、ハンドルを握っているのが常に男性で、女性は助手席に乗っているだけという関係。なので、道に迷ったり事故を起した時の責任をとらされるのも、いつも運転手である男性……。

日本女性の奥ゆかしさには最大級の賛美を贈る私ですが、常に主導権が男性にあるセックスなんて、もう古いと思いませんか？

理想は、ハンドルが２つ付いた車です。

気持ちいいセックスを楽しむためには、男女が互いに協力し合うことが大切なのは当たり前。そして、男性にリードしてもらうセックスと、男性に任せっぱなしのセックスは似て非なるものなのです。

車の運転で言えば、安全に目的地にたどり着くことが運転手である男性の務めだとすれば、助手席に座る女性は優秀なナビゲーターになる必要があるということです。

セックスにおける優秀なナビゲーターとは何を指していると思いますか？　答えはあなたの中にあります。そうです、自分の性感帯や、自分がして欲しいことをパートナーの男性にわかりやすく伝えるということです。

女性と男性のカラダの仕組みはまるで違います。本当に同じ人間なのかと驚嘆してしまうくらいです。

私が言いたいのは、男性は女性から教えてもらわないとわからないということです。それは経験豊富な男性でも同じこと。女性のカラダは、路地が入り組んでいて迷いやすいことで有名な世田谷区の何万倍も複雑なのです。

もしもあなたが自分のカラダのことを男性に伝える自信がないとしたら、あなたもつまらないセックスの共犯者です。そして残念ながら、自分の性感帯をしっかりと把《は》握《あく》している女性が少ないのも事実です。

その一番の原因は、女性の多くが正しいマスターベーションをしていないということにあります。自分のカラダを知る上でも、オーガズムを得やすいカラダ作りという意味においても、マスターベーションは気持ちいいセックスをするための格好の予行演習なんです。この理解を深めてください。

スポーツなど特にそうですが、上達する上で欠かせないトレーニングは、だいたい辛《つら》い作業です。一方で、気持よくてセックスのトレーニングにもなる、まさに一石二鳥のマスターベーション。これを上手に活用できていない女性が多いのは本当にもったいないと思います。

中高生ならいざ知らず、大人の女性が、自分のカラダなのに、自分の性器すらちゃんと触ったことがないというのでは、男性に十分な情報を伝えることは不可能です。「自分を愛せない人は、人を愛せない」という言葉は、セックスにも当てはまります。

覚えておいて欲しいのは、短時間で達するオーガズムは低いレベルでしかないということです。もっと時間をかけて自分のカラダを探検してください。そして、あなたが見つけた宝箱を、愛するパートナーに開けてもらいましょう。

POINT 4

- 基本はベタ褒め、男性に「ダメ」「下手」は禁句。
- 恥ずかしがらず、自分でクリトリスの皮剥きをしましょう。
- マスターベーションはセックスの予行練習。
- 愛する人と一緒に気持ちいい宝探しをしましょう。

第5章

気持ちいいセックスで幸せを手に入れる

24

セックスに罪悪感があるのは、なぜ？

人類の文明が始まって6000年あまり。これだけの膨大な時間がありながら、なぜ人類はセックスのテクニックを研鑽《けんさん》し、後世に継承してこなかったのでしょう。

最大の原因は、宗教がセックスの価値観を貶《おとし》めていることにあります。

旧約聖書の創世記3章に、『失楽園』の物語があります。

アダムとイブは蛇《へび》にそそのかされ禁断の木の実を食べました。すると自分たちが裸でいることに気が付き、恥ずかしく思ってイチジクの葉で股間を隠します。2人は神の怒りにふれて楽園から追放されます。

こうしたキリスト教の思想をベースにした西洋文明では、20世紀になってもセックスを罪とみなし、否定してきました。セックスが解放されたのは、ほんの半世紀前のことです。人間に幸せをもたらすための宗教が、神様からの贈り物である崇高なセックスを汚《けが》れたものとして扱い、人々に罪の意識を刷り込んできたのです。

セックスに対する罪の意識を持たせることで、男の性欲の暴走に歯止めをかけようとした一面も確かにあります。人間も動物です。かつては発情した男性が女性を襲うことも日常茶飯事でした。

性欲を抑えられない未熟な男性は現代にも一定数存在します。男性の暴走を防ぐために宗教は、「子どもをつくるセックス以外は悪である」「快楽を求めるのは悪である」として、セックスに対する罪悪感と禁忌《きんき》の意識を刷り込んできたのです。

しかし、宗教がセックスを人々から遠ざけようとしてきた本当の理由は別にあります。宗教が組織化され拡大していく過程で、宗教は巨大な権力を持つようになりました。いつの時代も同じように、権力者はその力に執着します。自分を崇《あが》める信者を定着させるためには、人々が宗教にすがるようにしなくてはいけません。みんなが気持ちいいセックスで人生に満ち足りていたら、宗教に救いを求める必要がないからです。

この手品の種を明治政府は見破ることができませんでした。むしろ、一刻も早く西洋文明に追いつこうと、歪《ゆが》んだ価値観をいとも簡単に輸入してしまったのです。ちなみに江戸時代までの日本のセックス観はとてもおおらかなものでした。夜這《よば》いの文化や混浴の風習などはほんの一例です。

明治以降、日本独特のセックス観は、キリスト教を中心とした西洋文明の広がりとともに消滅していきます。

おおらかだったセックスの価値観は一変し、混浴はおろか、男女が手をつないで歩くことすら、不謹慎の烙印《らくいん》をおされるまでに塗り替えられてしまったのです。

誤解のないように断っておきますが、私は宗教を否定しているのではありません。宗教の教えから学ぶこともたくさんあります。しかし仮に99％が素晴らしい教えだったとしても、セックスを否定する1％の誤りがある限り、世の中から争いはなくならないし、我々が本当の平和を手にすることはできないと言っているのです。

時代は進化し、人類は成長しています。他国の宗教に押しつけられた間違った価値観でセックスを罪悪視するのはもうやめましょう。

私たち一人ひとりが今すぐ始められる、この世界に平和と幸せをもたらす最善の方法があります。それは、人間社会の最小単位である男女がひとつになり、心から幸せを感じる本物の愛を手にすることです。

セックスに対する罪悪観から解放され、セックスとは男女の愛を深める崇高な行為であるという価値観にすべての人々が到達したそのとき、人類は神様も驚くほどの劇的な進化を遂げることでしょう。

25

愛の経験があなたの魅力を高める

いいセックスをすると女性はキレイになると言われますが、これは本当のことです。血行がよくなってお肌がつやつやになることもあるでしょう。しかし、昨日と今日とでそれほど外見が変化するわけではありません。

カラダが愛で満たされ、元々備わっていた女神の素質が開花するから美しくなるのです。無理なダイエットや語学留学といった「女磨き」をしなくても、いいセックスをすれば自然と「女子力」がアップすると言えば伝わりやすいでしょうか。

女性も男性も、モテる人には色気があります。どこか他の人とは違う、セクシーなオーラ（性的な魅力）を発しています。

性的な魅力をアップさせるカギは、普段ほとんどの人が気にも留めていない潜在意識にあります。外見や経済力など、しょせんは表面的な価値基準の1つに過ぎません。

一方で本能である性欲は潜在意識の領域です。多くの人は、自分の行動や嗜好《しこう》を、自分の頭（意識下）で考え決断していると思っていますが、実際は潜在意識の影響を強烈に受けています。

「恋はするものではなく〝落ちる〟もの」と言われる所以《ゆえん》です。

異性の潜在意識に訴えかける性的な魅力こそ、男女間の磁力を最大限にパワーアップさせる本質的なエネルギーなのです。

性的な魅力に溢れた人に共通するのは、性に対してとてもおおらかな点です。性に対する罪悪感がないので、セックスも好き、もちろん男性も大好きです。

こう書くと、下ネタ好きなスケベオヤジと一緒のようですが、両者には決定的な差があります。

それが、「愛」です。人が根源的に求めているものです。

深い愛情がそこに伴っているかどうかが、魅力と呼ばれるか、下心に成り下がるかの分水嶺《ぶんすいれい》です。

この比較は女性にも言えることです。キレイ、かわいい、オシャレといった物質的な要素は、異性を呼び寄せる撒《ま》き餌《え》にはなっても、心と心を結びつける引力にはなりません。

心と心、魂と魂レベルの愛のエネルギーで引き寄せ合うことで男女の間に化学反応が起きるからこそ、その先に幸福の世界が展開されていくのです。

愛と美は、ちょうどコインの表と裏のようなものです。

表になったコインをひっくり返すと必ず裏になるように、愛と美は表裏《ひょうり》一体《いったい》の関係です。美のあるところには愛があり、愛のあるところには必ず美があるのです。

たまに、「私ってブスだから」なんて言う女性がいます。

とんでもありません。私たち男性にとって女性は美の象徴なのです。女神の化身《けしん》なのです。誰もがそうです。

自分が女性であることに自信を持ってください。女性であることに誇りを持ってください。

どんなに外見は美人でも、自分を愛せない人に魅力は備わりません。

そのためにも私は、日本人がもう少し真剣に、愛について考える時間や機会を増やすべきだと思います。

人を愛するためには、どんな自分になればいいのか？

人から愛されるためには、どんな自分にならなくてはいけないのか？

人間だけに与えられた感性という素晴らしい才能を磨く意味でも、また、「愛し、愛される」という人生最大の目的を達成するためにも、日頃から文学や映画などで愛に親しんでおくことは、あなたの人生に必ずプラスに作用します。

26

セックスこそ本当の愛を育む行為

なぜ男女には、セックスが必要なのでしょうか？

理由はとてもシンプルです。セックスでしか伝わらない愛があるからです。

愛されたい生き物である女性にとって、幸せの基準の中で愛の占める割合は当然大きくなります。特定の男性がいない場合は、愛が枯渇《こかつ》して苦しくなるし、彼や夫という愛の対象がいる場合も、本当に自分が愛されているのか常に確認したくなります。

♀「愛してる？」♂「愛してるよ」
♀「ほんとに？」♂「ほんとだってば」

人類は言葉を発明することで地球上の覇者《はしゃ》になりました。相手に何かを伝える手段として言葉ほど便利で優秀なものはありません。

けれど言葉とは、ある意味 表層的《ひょうそう》なことしか伝えられないものです。もっと言えば、嘘もつけるし、人を騙すこともできます。女性は、愛に敏感なその才能ゆえに、どれほど言葉で愛の言葉を囁《ささや》かれたとしても、それをそのまま鵜《う》呑みにすることができません。

言葉には限界があるのです。そして女性は、肉体の触れ合いでしか育てられない愛があることを潜在的に知っています。

幼い頃、お母さんから褒められた時のことを思い出してみてください。テストで100点をとったとか、運動会のかけっこで1等になった時とか。お母さんから、「よく頑張ったわね」と声を掛けてもらえると嬉しかったものです。けれども、言葉だけで褒められるより、ギュッと抱き締めてもらった時のほうが、その何倍も嬉しくはありませんでしたか？


心とカラダは密接につながっています。

カラダが喜べば、心も喜ぶのです。

カラダが気持ちいいと、心も気持ちよくなるのです。

カラダが満たされれば心も満たされることを、あなたは体験を通じて知っています。


セックスとは愛し合う行為です。

ここで言うセックスとは、間違ってもジャンクセックスのことではありません。そんな生殖《せいしょく》行動に限りなく近い排泄《はいせつ》行為で、愛が伝わるわけもないからです。

そもそも男性とは、自分の好みのタイプの女性とセックスができるのなら、その日初めて会った相手にも平気で、「好きだ」「愛してる」と言える生き物です。それは種をばら撒くオスの本能として備わった性質ですから一概に糾弾《きゅうだん》することもできません。

私からのお願いです。本能的に愛の尊さや素晴らしさを知っている女性であるあなたが、男性にセックスでしか伝えられない愛があることを教えてあげてください。

相手を思いやり、相手を気遣い、互いの優しい温もりを肌と肌を通じて交流させることのできるスローセックスで、刹那《せつな》的な快感に走っていた過去を悔やむほどの、まさに言葉では言い表すことのできない官能の世界があることを教えてあげてください。

肉体を通じて感じる愛。

全身の五感で感じる幸福な愛の実感は、魂の喜びとして心とカラダに深く刻み込まれます。そして、本物の愛でしか愛を育《はぐく》むことはできません。スローセックスの実践は、あなたの愛を成就《じょうじゅ》させる一番の近道なのです。

27

セックスの醍醐味は とろけあう喜び

セックスの醍醐味は、異質なものがとろけあう喜びにあります。

こう聞いてすぐに、「うん、その通り」と思える人は、すでにスローセックスの扉を開いているかもしれません。

女性と男性では、体つきも、性格も、考え方もまったく異なります。ましてや性器は、まったく別の生き物です。だからこそ男女は引き合い、セックスをします。生まれた日も、生まれた場所も、育った環境も価値観も違う、そして何より性別の異なる2人のカラダがひとつになる。

男女というまったく異質なものがとろけあうのがセックスです。エゴや肉欲をぶつけ合うだけの行為とは次元が違うセックスがあることに、もうあなたは気づいているはずです。もう一歩進んで、性の違いに生命の神秘や、人間の尊厳を覚える深い感性で魂の交流ができるようになると、セックスは何倍も楽しく気持ちよくなります。

男女が引き合うのは、磁石のプラスとマイナスのように異なる性質を持っているからなのですが、この話をもう少し詳しく検証していきましょう。聞きなれない言葉がたくさん出てくるかと思いますが、頑張ってついてきてください。

森羅万象《しんらばんしょう》、この世のありとあらゆる事象は、陰《いん》と陽《よう》の二極によってもたらされるという基本法則に立つのが「陰陽思想《いんようしそう》」です。宇宙にあるすべてのものは、強い弱い・高い低い・大きい小さいといった相対性を有しています。性質の異なる両者、つまり陰と陽が引き合うエネルギーのバランスで宇宙は成り立っているという考え方です。

陰陽思想では、女性は陰に、男性は陽に分類されます。

陰陽が調和したときに宇宙原理が働き、その事象に好転がもたらされます。これを「陰陽和合の法則」と呼びます。

中国の哲学に、宇宙に貫徹している原理原則を説く、「タオ（道）」という思想があります。タオでは、セックスは陰陽和合を象徴する行為であるとされています。そして、人間はセックスをすることで宇宙と共鳴することができるといいます。

さらに、セックスの本質的な意義とは、男女が陰陽の気のエネルギーを和合させ、宇宙と波長を同通《どうつう》させることだと説いています。

タオ思想に基づけば、陰陽和合の法則が成り立たない行為は、セックスの本質的な意義からはずれることになるのです。

プラスとマイナスが引き合うだけでは陰陽和合の法則は働きません。動物の交尾レベルです。陰陽和合で重要なのは、言うまでもなくセックスの中身です。カラダも心もとろけてしまいそうなセックスをしているかどうかです。

具体的には、女性が完全なる快感を得て、１２０％のオーガズムに達することが陰陽和合の絶対条件です。

陰陽和合の法則を実現させるのがスローセックスのメソッドです。性感脳が開かれた女性はオーガズムを迎えることで宇宙とつながります。宇宙と一体化した女性は女神と化します。

そして男性もまた、女神となった女性とつながることで宇宙と波動《はどう》を合わせることができます。こうして陰陽和合が完成するのです。

とろけあうどころか、気持ちいいセックスすらできなくて悩んでいる女性には、夢のような話に思えるかもしれませんが、夢ではありません。本当の話です。こんな世界があることを知ること、そして信じることから始めてください。

28

あなたに必要な愛を紡いでくれる男性

セックスはダンスに似ています。

あなたがどれほどダンスの上級者でも、リードする側の男性にダンスの素養がなければ上手にデュエットを踊ることはできません。あなたがどんなに華麗なステップを踏んだとしても、男性が初級者だったら、観客を魅了するどころかむしろ滑稽《こっけい》に映るでしょう。

いつの日か世界が本当の自由と平和を手に入れて、仮に本当に男女平等の時代が訪れたとしても、男女の性差における役割の違いは今と変わらずあり続けます。受け身の性である女性は「錠《じょう》」です。歯を食いしばって努力したとしても、自分一人の力だけで光り輝くのには限界があります。

女性が生来の才能を覚醒《かくせい》するためには、どうしても「鍵」である男性が必要なのです。そしてその鍵は優秀であってもらわないと困るのです。理想である陰陽和合の世界に到達できないからです。

動物はとてもシンプルな弱肉強食の世界に生きています。メスは優れたDNAを残すために、強いオスを選びます。それが自然界の法則です。私たちが生きている人間の世界も基本的には同じです。

けれども人間だけに与えられた豊かな感情や感性が、ときに自然界の法則から逸脱した生き方を選択させてしまう状況を作り出します。

ダメなオスに情けをかけるのは人間だけです。

優秀なメスがわざわざ優秀ではないオスを選んでしまう。

「好きな人とセックスすれば、きっと気持ちよくなれるはず」と思い込んで、軽はずみにセックスして傷つく女性は少なくありません。

「好きな人と結婚したら、きっと幸せになれるはず」と、愛を過信する一方で妥協を重ね、漠然とした結婚観で安易に結婚して、半年も経たないうちに、「こんなはずじゃなかった」と嘆く女性があとを絶ちません。

気持ちいいはずのセックスで、気持よくなれない……。

幸せになれると思って結婚したのに、幸せになれない……。

共通しているのは「無知」です。セックスの本質的な意義を知らない。結婚の本当の目的を知らない。女性には優秀なオスが必要なことを知らない。

ダメな男に情けをかけて恋愛を続けるというのは、2人で泥舟に乗っているようなもので、映画や小説なら多少は絵になるのかもしれませんが、現実では一緒に沈没していくだけです。

人間には生きるテーマがあります。

それは死ぬまで成長を続けることです。甘くはない現実社会で、さまざまな経験を重ねて学び、学びを通じて精神性を高めていく。

特に女性の場合は、愛に満ちた人生を積み重ねて、最大の幸福を追究していくという人生のミッションが課せられているのです。

女性の人生には、一緒に愛を紡いでくれる優秀な男性が不可欠です。前項で触れた陰陽和合の法則からも男女の問題は最大のポイントで、選ぶ男性によってあなたの運命は大きく変わるということを、肝に銘じて欲しいのです。

一刻も早く理想の「鍵」を見つけましょう。そのための最大限の努力を、今すぐ始めましょう。

29

彼と一緒にスローセックスのDVDを鑑賞する

スローセックスを実践するためには、セックスのパートナーである彼や夫が目覚めてくれなければ何も始まりません。

しかしこればっかりは私の力だけではどうすることもできません。著書やブログなどを通じて個人に向けての啓蒙《けいもう》はできても、まさかセックスレスの家庭に乗り込んで旦那さんを説得するわけにはいかないからです。

7、8年ほど前になるでしょうか。「いくらお願いしても、彼がスローセックスをしてくれません」という相談が増えてきたこともあり、同じような悩みを抱える女性たちに向けて、「私の本を読んでもらうのが一番です」とブログでアドバイスしました。

しかし結果は惨敗に次ぐ惨敗。今度は、「彼がアダムさんの本を読んでくれません」というメールが山のように届いたのです。

さりげなくリビングのテーブルの上に本を置いておく。誕生日プレゼントとして渡すなど、そこにはさまざまな工夫も見られましたが、結局、彼女たちの健気な努力のほとんどは徒労に終わりました。孤軍奮闘して残ったのはむなしさだけでした。

半ば私も諦めかけていた頃、希望の光が差し込みました。ある女性から成功体験が綴《つづ》られたメールが飛び込んできたのです。

「ついにやりました！　彼と一緒にアダムさんのＤＶＤを観たら大成功です。今、２人でアダムタッチの特訓中です。まだまだ下手くそな彼だけど、とっても幸せです」

すっかり私まで嬉しくなって、さっそく彼女の成功談をブログやメルマガで紹介したところ、「本を読んでもらう作戦」の連敗がウソのように、続々と成功メールが寄せられるようになりました。

まだご覧になっていない方も多いと思いますので、簡単に説明させていただきます。

私が監修した作品は、あくまでもスローセックスの教材です。つまりAVとはまったく内容が異なります。アダムタッチ、クリトリスの愛撫法、アダムGスポットなど、スローセックスの基本テクニックを私の解説付きで編集していますので、初級者の方でも学びやすく、すぐに始めることができます。

個々のテクニックもそうですが、初めてスローセックスにチャレンジするカップルに参考にして欲しいのは、女優さんのカラダを宝物のように大切に扱っている点です。

いわゆる男性のオカズであるAVの場合、男性のエゴが作り出した妄想を映像化しているため、女性を性処理の道具のように扱う陵辱《りょうじょく》的なシーンも数多く出てきます。

私の作品にそんなシーンは1秒たりともありません。

女性が嫌がることや痛がるようなことは絶対にしない。

当たり前のことですが、AVをセックスの教科書にしてきた男性たちが私のDVD

を観れば、目からウロコが何十枚も落ちるはずです。

たとえば女性の膣に指を挿入するとき。中指を少しずつ少しずつ、本当にゆっくりと入れていきます。

いきなり指を2本奥まで突っ込んで、それもグリグリとドリルのように指をねじりながら、なんてことは絶対にしません。

常に女性の反応を確認しながら、女性のカラダに負担をかけないように、まっすぐに伸ばした指を膣に対して平行にゆっくりと挿入していきます。

すべての男性に覚えて欲しい、こうした指入れのマナーも、活字よりも映像のほうが断然伝わりやすいと思います。

興味本位でも面白半分でも、きっかけはなんでもいいのです。ぜひ、彼と一緒にDVDを鑑賞してみてください。本とは違った発見があると思います。

30

あなたの努力が報われなかったら

結婚を前提として交際している男性とのセックスが上手くいかず、悩んでいる女性はたくさんいます。ここでは2人の女性からの相談メールを紹介します。

佐々木咲歩さん（仮名）28歳

彼とは付き合って4年になります。以前、朝が早い仕事に就いていて、慣れなくてしんどい時期だったので、彼からの誘いを断っていたのです。

いつもやさしい彼ならわかってくれるだろうという甘えがあったのかもしれません。断った事に傷ついたらしく、パッタリと誘いがなくなりました。

セックスレスになって約2年。何度も話し合いをしましたが、「もう年だから」とか「したくないものは仕方ない」とか、何を言っても無駄なのです。

結婚も考えていますが、この先一生、愛のあるセックスがないのかと思うと踏み切れません。絶望感と虚無感でいっぱいで、夜になると毎日泣いてしまいます。

もう別れるしかないですか？　セックス以外では本当に素敵で、この人しかいないって思える彼なのですが、もう心が限界なんです。

村上友絵さん（仮名）30歳

付き合った当初から、私と彼の性に関する気持ちは全然違っていました。ですが、彼は本当に人間として尊敬もできるし、パートナーとして大好きな人です。性に関する問題だけが私の悩みです。

私がおかしいのかな？　と思った時期もありましたが、「人間として生まれてきたのだから、スキンシップもセックスも、愛を感じながら思う存分楽しみたい」という自分の気持ちには嘘をつけません。

以前、彼に、「私は健康な大人の女性です。だから性に関しても満足したいと思っています。あなたとできないなら他の男性とすることを許せますか？」という内容のことを言ったことがあります。けれど彼はそれを「脅し」だと言いました。本当に悲しかった。「彼と精神的なものだけでなく、肉体的にも魂的にも満足した関係を築きたい」というのが私の心からの願いです。

話し合いをしても、私だけが問題にしている感じなので彼は何も動いてくれず、解決の糸口すら見つかりません。本当に苦しいです。


忍耐という精神性は日本人の美徳の1つですし、恋愛や結婚生活を円滑にするために、我慢《がまん》や忍耐が必要なときもあります。

しかし我慢も、時と場合によりけりです。

女神になれる資質を持った女性が、自分の意志とは無関係にセックスを我慢させられているその状況は、今にも羽化して蝶になろうとしているさなぎをロウで固めるのと同じくらいひどい、魂への拷問です。彼女たちの目から溢れる涙は魂の悲鳴なのです。

メールの女性と同じような悩みを持っている方に言いたいことが2つあります。

●時間は何も解決してくれません。

●あなたの望むセックスをしてくれない男性が、本当に「いい人」ですか？

「我慢していれば、いつかわかってもらえるはず。だって、（セックス以外は）いい人だから」

心を鬼にして言います。このように考えている限り、ほとんど進展のないまま時間だけが過ぎていきます。「耐え忍ぶ美しさ」で乗り越えられるほどセックスの問題は甘くはありません。必要なのは、絶対に幸せになるという強い意思と覚悟です。

31

ズルズル恋愛は別れる決断も選択肢

同じ男性と長期にわたって関係を続けている未婚女性が本当にたくさんいらっしゃいます。パートナーがなかなか見つからない女性から見れば羨《うらや》ましく思えるかもしれませんが、実情はかなり悲惨です。

まだ20代なのにセックスレス状態だったり、たまに彼に誘われてするセックスもまるで倦怠期の夫婦のようにワンパターン化して、気持ちいいどころか苦痛だったりと、そんな女性からの悩み相談が絶えません。

すぐにでも結婚したいのに、会話から「結婚」の二文字を極力避けようとする男性。結婚どころか将来の見通しも立たないまま、狭いアパートで5年も6年も半同棲を続けているといったケースも珍しくありません。
私はこうした未婚の男女の関係を、「ズルズル恋愛」と呼んでいます。

女性がズルズル恋愛を続けてしまう最大の原因は、「女は情の生き物である」という性質にあります。
女性は男性を好きになると、ましてや一度でも体を許してしまうと相手に情が移ってしまうのです。ですから頭では、「結婚には向かない人かも」「彼とこのまま続けていてもきっと幸せにはなれない」と、未来の答えを予測できたとしても、感情を理性でコントロールできなくなってしまうのです。

女性が本当の幸せを掴むためには、情に流されず、きちんと別れを決断しなければなりません。女性が懸命な努力をしたにも関わらず、変化の兆《きざ》しも見せない男性であればなおさらです。

よく「継続は力なり」と言われますが、恋愛期間の長さに関しては、この言葉はまったく当てはまらないからです。長く付き合ったからといって、それだけで愛の絆が強くなるわけでもありませんし、幸福度が上がるとは限りません。

厳しいことを言えば、多くの人がセックスを甘く考えているのです。

セラミック製の包丁というものがありますよね。見た目はおままごと用のオモチャみたいですが、実際に使ってみるともの凄《すご》い切れ味です。

見た目に騙《だま》されると大けがをします。見るからに切れそうな包丁なら誰でも最初から慎重に扱うのです。

同じことがセックスでも言えます。教わらなくてもセックスのまねごとなら簡単にできます。

他のカップルと比べる機会もないので、今の自分のレベルがわからない。本当のセックスをすれば女性は女神になれるという真実を知らない……。

いかにセックスが女性の人生を左右する大切な問題であるかを知るには、何度も言ってきたように、あなたが本当のセックスを体験するしかないのです。あなたが望むセックスをしてくれない男性とは、すみやかに別れる決断をしてください。

そして今後、あなたが新しい恋をスタートさせるときも、判断の期限は長くても1年が妥当です。その1年で彼とスローセックスができなかったら、きっぱりと別れる覚悟を決める。そのような恋愛をして欲しいのです。

期間を1年で区切るのは、1年を超えるとズルズル恋愛に突入してしまう危険性が急激に高くなるからです。自由恋愛に慣れた世代には違和感を覚える提言かもしれません。

しかし私は、愛すべき女性たちに無用な幸せの回り道をして欲しくないのです。

世の中には、結婚する資格もない男性、結婚しても女性を幸せにできない男性がいっぱいいます。この現実から目を背けず、時には毅然《きぜん》とした決断をしてください。

32

交際の前にお試しセックスを

以前の私は、婚前交渉には反対の立場をとっていました。

その理由の1つは前項でも触れた、情の生き物としての女性の性質です。母性本能のいたずらなのか、相手がダメな男性ほど女性は、不思議なくらい情が移ってしまう傾向も見られます。ろくでもない男に当たった場合でも、「彼に限って……」「私がいなくなったら彼は……」と、女性の目を曇らせてしまいます。結果、無為《むい》な時間を過ごすことになるのです。

他にも理由があります。それは「娘に傷ついて欲しくない」という親心に通じるものです。おとぎ話の世界とは違い、現実の恋愛はすべてがハッピーエンドを迎えるわけではありません。むしろ苦い終り方のほうが多いでしょう。それが「小さなケガ」で済めば、その経験は後に生かされる可能性もあります。

セックスは凄まじいパワーを持っています。正しい知識と精妙《せいみょう》な技術があれば強烈なプラスのエネルギーが発生し、人間を幸せに導いてくれます。間違った方法でやれば、逆に強烈なマイナスのエネルギーが発生します。

心とカラダが密接にリンクしたセックスだけに、取り扱い方を誤れば取り返しのつかないような「大ケガ」を引き起こしかねません。

事実、望まない妊娠や堕胎《だたい》がトラウマとなった女性を私は数多く見てきました。女子高生からのSOSメールを何度も受け取りました。今はすでに成人しましたが、当時まだ私の娘が未成年だったことも、反対した一因だったと思います。

今も、未成年の男女がむやみにセックスすることには反対です。しかし、私が提唱するスローセックスの価値観に賛同されて正しい知識を学んだ大人の女性なら、むしろ積極的に、理想の男性探しに取り組んで欲しいと思うようになりました。もちろん、必要に応じてお試しセックスもありです。

セックスは人間の本質が如実《にょじつ》に顕在《けんざい》化する場面です。自己の欲望を優先させる利己《りこ》的な男性か、それとも相手を大切にしようと思う愛情ある男性か、その人間性がはっきりと現れます。目の前にいる男性が本物の白馬の王子様なのかどうかは、セックスをしてみないとわからない部分が大きいのです。

ただし、交際前のお試しセックスは3回まで。その3回のあいだに、一緒に前に進んでいける男性かどうか判断してください。

そのとき大切にして欲しいのが、あなたの直感力です。理論や理屈、もっと端的に言えば損得勘定で物事を捉えようとするから失敗するのです。天からのメッセージを魂で受け取ることのできる女性のあなたには、一瞬で真偽を見抜くすぐれた才能が備わっています。心の声に耳を傾ければ、おのずと答えが見えてきます。

もちろん、手当たり次第にセックスしてみましょうと言っているのではありません。ここが大切な部分ですが、1回目のセックスする前には必ず、相手とセックスの価値観についてしっかりコミュニケーションをとってください。できるだけ具体的に。「アダム徳永って人、知ってる?」から始めてくださって構いません。

あなたにとってのセックスの重要さを相手に伝え、相手がスローセックスをしてくれる男性かどうか、会話の段階で見極めましょう。

スローセックスと聞いただけで尻込みするような男性など、お試しする価値もありません。時間の無駄です。1回目のセックスであなたの魂がNOと判断したら2回目に進む必要もありません。情が移る前にお別れしましょう。

幸せになるためには、時間と情の無駄遣いをやめて、あなたの魂が求める男性を探し続ける決意と覚悟が大切なのです。

33

いいセックスは幸せの絶対的条件

当たり前のことですが、世の中、セックスがすべてではありません。また、何を幸せと感じるかも、人それぞれ違って当然です。

平均的な日本人の尺度に照らせば、「アダム徳永は、なんでもセックスに結びつける」となるのでしょう。けれども、およそ30年間セックスと男女の問題に目を向け続け、命を削る思いで1000人の女性とスローセックスをして、セックスの本当の意義と価値を知った私は率直にこう思います。

一般の人はセックスを過小評価しすぎだと。

成熟した今の社会にはさまざまな欲求が渦巻いています。金銭欲、物欲、出世欲……。

しかし、そうした欲求の前に、人間には三大欲求があります。三大欲求のひとつである性欲が満たされない限り、人は幸せにはなれないのです。

と言うと、「食欲と睡眠欲は女の私にもあるけど、性欲は男の欲求じゃないの？」という人がいます。

絶対にそんなことはありません。子孫を宿すという重大な使命を持って生まれた女性に性欲がなければ、とっくに人類は滅んでいます。

実際は、男性よりも女性のほうが、はるかに性欲は強いのです。

スローセックスをして本当のオーガズムを経験した女性の性欲は、まさに底なしです。果てしなく快感を貪り続けます。「アーン」なんてかわいい声は出しません。獣のように絶叫して、何度も何度も男の精を求め続けます。もしも男性が体験したなら死んでしまいそうな超弩級《どきゅう》の快感が、あなたを宇宙に運びます。

「恋愛体質」という言葉があるように、女性は恋愛が大好きです。愛がないと生きていけない女性の、それは当たり前の性質です。そして愛とセックスは切っても切り離せない関係にあります。これも当たり前の話です。

けれども今、愛とセックスを分けて考える女性が増えているように思えてなりません。とても単純な理由です。過去も今も、セックスが気持ちよくないからです。

魂レベルでは気持ちいいセックスを切望しているのに、それが叶わない現実は、女性を絶望の淵に追い込みます。女性としての自信や誇りがズタズタにされます。

女性が愛とセックスを切り離すのは、自分の心をこれ以上傷つけないための、ある種の防衛装置なのかもしれません。

すべて男性の責任です。これまで女性の心と体を傷つけてきた、地球上のすべての男性を代表して謝罪させてください。

男性の責任を痛感しつつ、あなたにお願いがあります。

セックスを諦《あきら》めないでください。


世の中には男と女しかいません。

男女の歯車がぴったりと噛《か》み合って、力強く回り始めるとき、奇跡は起こります。

男女の関係が向上すれば、世の中全体が発展していきます。

何もセックスのことだけを言っているのではありません。ですが、実際問題として、セックスが気持ちよければ、男女の問題のほとんどが解決するのも事実です。

いいセックスをしていれば夫婦喧嘩をしても、すぐに解決します。仕事のストレスなんて吹き飛んでしまいます。「ああ、私は愛されている。幸せ。明日も頑張ろう！」と、充実した毎日を過ごせるようになります。


どうか、心とカラダが一緒に喜ぶ恋愛をしてください。そのための努力を続けてください。あなたが女神に化身するその日の訪れを私は願ってやみません。

POINT 5

- 愛のあるところには必ず美があります。
- セックスでしか伝わらない愛を知りましょう。
- 女性が覚醒するには「鍵」となる男性が不可欠です。
- 時間と情の無駄遣いをやめ、幸せになる決意と覚悟をしましょう。